视点文丛

# 言为心声

王希杰 著
钟名诚 钟玖英 编

中国青年出版社

（京）新登字 083 号

**图书在版编目（CIP）数据**

言为心声/王希杰著，钟名诚，钟玖英编．—北京：中国青年出版社，2008

（视点文丛）

ISBN 978-7-5006-8404-6

Ⅰ．言…　Ⅱ．①王…　②钟…　③钟…　Ⅲ．①散文—作品集—中国—当代②随笔—作品集—中国—当代　Ⅳ．I267

中国版本图书馆 CIP 数据核字（2008）第 137896 号

责任编辑：万同林

*

中国青年出版社出版 发行

社址：北京东四 12 条 21 号　邮政编码：100708

网址：www. cyp. com. cn

编辑部电话：（010）84015592　营销中心电话：（010）84039659

北京盛兰兄弟印刷装订有限公司印刷　新华书店经销

*

660×970　1/16　18.5 印张　2 插页　180 千字

2008 年 10 月北京第 1 版　2008 年 10 月北京第 1 次印刷

印数：1—6000 册　定价：29.00 元

# 目录

**第八辑　感或思**

# 自 序

一

万物之灵的人，是一种会说话的动物。语言发展了人类抽象思维的能力，人是一种理性的动物。人是社会人，是语言促成了人的社会化。人也就是“语言人”。

心之官则思。我思故我在。人最宝贵的是一颗心。万物皆备于我心。情、理、法，皆出自于人心。“幸福着我们的幸福”，这是一种心的感受——幸福感。谁也不愿做一个“没心没肺”的人。没有心的人就是行尸走肉！堂堂正正地做人，因为有一颗光明磊落的心。人生在世——平常之心；待人接物——赤诚之心；为中华民族——赤胆忠心……

人的言行都是人心的产物。言贵“由衷之言”。“口是心非”者为人所不齿。行当无愧于天地和人心。

大千世界，人心不同各如其面。普天之下，人之言行，没有两个是完全相同的。但是，理只有一个，“有理走遍天下，无理寸步难行！”“有权只能独霸一方，称雄一时。”

## 二

宇宙间最重要最奥妙的就是这个人心：长恨人心不如水，等闲平地起风波（刘禹锡《竹枝词》）。天可度，地可量，惟有人心不可防。……惟有人心相对时，咫尺之间不能料（白居易《天可度》）。人心不可识，善恶实难知（王梵志《五古》）。

某物在某种语言中有无相应的词语，与词语的多少，就体现了该物在这种语言中的文化地位。汉语中的“心”有许多的同义词，例如：灵台、方寸、心宫、寸心、心曦、心泉、心弦、心海、心房、心田、心坎、心体、心窝、心眼、心地、心胸、心里、心头、心坎、心中、心上、心下、心琴、心扉、心泉、心房……这证明了它的重要的崇高地位。敏感的诗人们，对于人心更是不遗余力地歌吟着，例如：

虽有一灵台，如同客作奴。（寒山《五古》）

所合在方寸，心源无异端。（白居易《赠元稹》）

平生感知己，方寸岂悠悠。（高适《东平旅游奉赠薛太守二十四韵》）

耳边要静不得静，心里欲闲终未闲。（罗隐《寄沈先辈归送上嘉礼》）

寸心言不尽，前路日将斜。（钱起《五绝》）

每觉宇宙窄，未尝心体宽。（白居易《马上作》）

我有心中愁，知君剪不得。（白居易《啄木曲》）

低腰复敛手，心体不惶安。（白居易《酬李少府曹长官舍见赠》）

我自观心地，莲花出淤泥。（寒山《五古》）

心中无一事，水清众售现。（寒山《五古》）

大海一滴水，吸入在心田。（寒山《五古》）

今宵眼底，明朝心上，后日眉头。（无名氏《眼儿媚》）

故国山川，故园心眼，还似王灿登楼。（周密《一萼红》）

小花静院相逢，的的风流心眼。（蔡松年《蔚迟杯》）

人心是我们关注的最中心。但是，人心是潜性的，看不见的。幽默滑稽的吴承恩在《西游记》中才这样写道：

> 假僧（孙悟空）将那些心，血淋淋的，一个个检开与众观看，却都是红心、白心、黄心、悭吝心、利名心、计较心、好胜心、望高心、侮慢心、杀害心、恐怖心、谨慎心、邪妄心、无名隐暗之心、种种不善之心，更无一点黑心。

其实，也不需要如此这般的。我们完全可以通过一个人的言行来观察他的心，一个个的人的言行是显性的，正是人心的外在表现。

三

我1940年10月13日生于江苏省淮安县马逻镇。曾祖父是秀才。祖父是中医生。父亲因为宣传抗日而坐牢。在我出生前夕，黄克诚将军的军队解放了我父亲，他参加了共产党。母亲后来也参加抗日战争，在新四军的织布厂工作。

我1953年毕业于扬州苏北育才小学。1956年毕业于南京市第十中学（金陵中学）。1963年毕业于南京大学。毕业后留校，直到2005年秋天退休。我讲授语言学和现代汉语学。指导过硕士生和博士生。我的代表作是《汉语修辞学》和《修辞学通论》。我喜欢写短文。我写了一些语言随笔，还比较受欢迎。

## 四

我写作博客是很偶然的。2007年9月末，"文革"前的学生邓晓文等来银川看我，一同游延安。晓文教我办博客，并自称是"博导的博导"——博导的博客导师。

我逐渐喜欢上了博客。经常在博客上随意侃侃，胡乱写写。我的体会是：博客是一个新世界，博客是一所大学校。博主既是学生，也是老师。博客在今天社会上的作用是不可以低估的。本书的许多篇章便选自我的博客。

南京晓庄学院的钟玖英教授来电话说：中国青年出版社要出版我的随笔文选，请她主编。我建议他们夫妻一同主编，她先生钟名诚是文艺学教授。

钟玖英教授告诉我，编辑是我的学生。老伴打开他的博客，问我对编辑还有印象否？我努力寻找记忆。我很高兴，本书的责任编辑是我的学生。我特意挑选我写南京大学中文系几位教授的短文，编辑会感到非常亲切的。

写北京大学教授的文章非常多，写南京大学教授的几乎没有。其实，南京大学许多老教授是很值得写的。

2008 年 5 月 4 日

刚从崆峒山、须弥山归来

# 第一辑　言行注释人的存在

# “做人”与“做”和“人”
## ——人生的误区盲点

“某某不会做人！”生活中，这话是经常听到的。

奇怪呀：人还要去做么？“人”是个什么东西？怎么去做法呢？做又是一个什么样的动作行为？

在这个世界上，我们不是一生下来就已经是一个人了么？国家承认了这个事实，任何一个人，一旦出生了，就可以报上一个户口的。这话又不全对的，超生，计划之外的生下来了，就不给你上户口的。但是，即使是超生的那个家伙，即使报不上户口，可也还是一个人！

既然我们大家伙人人个个都是一个人，那么还需要说什么“做人”的废话呢？人人都是人，你不想做一个人，还不行呢，还非得做人。自杀者，还受到谴责。想安乐死，也不那么容易的！到头来，你还是一个人。

有不想做一个人的人么？有，当然是有。我见过到一个小孩子，一个小学生，他说：

“我多想变成一只小狗！”

"为什么？"

"你看小狗多好。不用上课做作业，不会挨骂挨打。没有老师管着，没有爸爸妈妈管着，这多好，我们班上好多同学都想做一只小狗。"

这话叫我颤抖。

"做"是什么玩艺儿？是一个多义词。《现代汉语词典》上说它有七个意思——

一、造。二、写作。三、从事某种工作或活动。四、充当、担任。五、举行家庭的庆祝或纪念活动。六、用做。七、结成(关系)。

在我看来，"做人"的"做"，决不只是这么七种意义中的一种。词语的用法之中，一定有不少的用法你归结不到这七类之中去的，这些解释也并不是最完善的。为什么一定要加上"家庭"两个字呢？单位团体国家举行某种庆祝或纪念活动就不可以用"做"这个词么？不见得的。"做礼拜"这是家庭的事情么？但是不管是哪一种"做"好像都有一个共同的地方，那就是：主观地有意识地去搞、去干、去操作、去表演、去按照某种事先设计好的方针策略行事以便达到某种目的。这个"做"之中，真的，不骗你的，骗你是小狗——不是讨你的便宜，我说的是我是小狗，不是我骗你而你是小狗，那一来你就不上算了。作为一个现代人，是时时、事事、处处、回回，都在考虑着一个上不上算的大问题的。所以呢，他活着，活起来，就是个分外地难，所以你听到的最多的一句话就是："活着真累！"为什么在现代这时光，人人、个个、时时、处处、样样、回回、件件，都是那么地累呢？我从未想过，我知道想也不可能有个什么答案的。

但是真怪，许多的事情你不去想它，反而会突然之中明白了。现在，我明白了，许多的人之所以总是那么的累，是因为他在"做人"！他是为了做一个人而生活在这个舞台之上。这个

“做”之中充满了人为性，太做作了，于是乎累，大累特累。

“做作”地活着，戴着各种各样的假面具活着，做各种各样的角色的奴隶奴才的工具，或者，为那个其实是毫无道理、毫无价值的东西，而去制造出各种各样的行为动作来，制造出各种各样的表情身态来，而且这一切又同自己的心保持着那么大的距离，甚至于是全然相反的。这个时候，你不痛苦谁个痛苦？你不活得太累还能是别人吗？

于是有一个怪圈：越是要做人，就越是一个累。越是那个累呀，就越是要去做人。再去越是要做个人嘛，就越是那个的累呀……

这怎么是好？这怎么办呢？我看，也不难的。去打破这个循环的怪圈吧！干吗一味地去做什么人呢？我本来就是一个人，不用去做，一切按照本来的面目出现，一切听其自然，这个时候，你就是一个人了，一个真正的人！

“人都不要做了，那岂不就不像个人了嘛？”

我来告诉你一个小小的秘密：在这个世界上，凡是像一个人的，他其实都不是一个人！像人的本不是人！是人的就根本谈不到去说什么“像个人”！既然已经是、本来就是一个人，那么还用得着说是像个人么？这不是大废话一句么？只有不是人的什么东西才需要说他像个人呢！“这小狗、这小猫咪、这小猴子、这小兔儿，真的，就像一个人！”

显然这狗这猫这猴这兔都不是人。玩笑只当作一个玩笑，不可当个真。那么，什么是“人”的标准呢？这是一个人类学、历史学、哲学、心理学、社会学、伦理学等共同的问题。这个题目太大。我们真的说不清楚。说不清楚却硬去说它，这就是在“做人”，既然我们并不主张硬是去做什么人，那就有权不去说它。

我想起了马克思和恩格斯。他们一对好朋友在他们的著作《德意志意识形态》中说过一大段话，是在这书的开头部分，最前面，意思是：人们创造出了关于人和模范人等等的概念，然后就按照这些个概念去行动，去要求自己，于是人就成了他自己的创造物的一个奴隶，他跪倒在他自己的创造物的面前，甘心受自己的创造物的奴役。马克思和恩格斯，努力唤醒人们，站立起来，做一个主人。年轻时读到这里，感到分外的兴奋。现在想想，我们自己许多时候也是自己创造物的一个奴才。而这个创造物大都是虚幻的，有时候甚至于是荒谬的。

“误区”在现在可是一个十分时髦的一个词。我也来赶一次时髦吧。这个“做人”是人生的一个大大的误区。从这样一个误区出发，便生出了两个“盲点”——这“盲点”也是时髦的字眼儿，一个盲点是“做”，另一个盲点是“人”。

这“做”变成“做作、伪装、包装、表演”的意思之后，人就盲目了。这人成了模式的人、流行的人、机器的人、一心要做占有一切的时候，人就盲目了，荒唐了，荒谬了。这个时候，不但活得累，而且是毫无价值。靠美容，靠包装，靠钱与权，靠装腔作势，来完成自己心目中的那个变形的、变质的、变态的、变味的、歪曲了的、扭曲了的所谓的人的形象，一直到了去见上帝老头儿的时候，这难道不是一件很不那么愉快的事情么？

人就是人。大自然的一个奇迹，一个杰作，宇宙的亿万年进化的一个最高级产物。在这个宇宙的奇迹身上，奇迹的奇迹是他的那个大脑，人应当或者对得起宇宙的进化，对得起自己的这个大大的脑袋瓜儿，我们应当用我们的脑袋瓜子来活着。让我们脑袋里的能量最充分地发挥出来，报答宇宙的恩赐，把这脑袋还给大自然。到了那个我们每一个人到头来都得去非去不可的时候和地方，我们可以问心无愧、无悔地笑笑，潇洒地说一句：“拜拜！一切是那样的自然和美好！”

人就是人。那么逻辑的结论就是，我就是我。因此我不必、不用模仿别一个什么人，我应当按照我本来的真实的面目去自自然然地生活着。既不用我之所长、所美去骄傲于人，也不以自己之所短去自卑于人。我的缺点我知道，不必隐瞒，我敢公开地宣布我的缺点，这不丢人，这证明了我的充分的自信自强。我有我特有的，他人所无的优点，你不承认，这优点不会消失，这优点不取决于他人的承认与否，关键在于我如何去开发和利用它。他人的缺点，我谅解，我也是有缺点的人，世界上并没有没有缺点的人。别人的优点我不否定不嫉妒，我去向他学习。别人赞美我，我当努力使自己更美好，如果是言过其实，我应当脸红，也要想想他这是为个啥哩？他人批评甚至攻击我，想想，问个为什么，是我的过失，我改了不就得了么？没那回事，要相信：凡事实是发少爷老爷小姐脾气所改变不了的，事实胜于雄辩，时间是最公正的，谁个笑到最后谁个才笑得最好。我是谁？我靠谁？我只能靠我自己的劳动、创造完成我自己，他人不是我的监牢。

我的失败和成功受到他人的干扰，归根到底，只有我才是我自己的唯一的真正的主人。我的路只有靠我自己来走。抬头看路，低头拉车，目标在前方，谁也不能干预干扰我。我走在我自己的大道之上，而且是按照我自己的方式在走。丢掉“做人”二字，根本不去想它，这个时候，我，我们，就是人，真正的一个人。这时候，好像不怎么的累，好像轻松愉快怡然自得的心情永远地伴随着我和我们。

# “人—我”换位
## ——视点的艺术

宋朝大诗人苏东坡在《题西林壁》诗中写道：

横看成岭侧成峰，远近高低各不同。

不识庐山真面目，只缘身在此山中。

对于庐山，对于黄河长江，对于风花雪月，对于万事万物，对于问题和矛盾，其实都应当如此：你只是拘泥于某一种角度，那就很难看清楚它。也就难免要有某种片面性。而一旦陷入了片面性，那就难免要出差错，要吃一些苦头。

其实呢，对于人，对于是自己之外的任何一个人，我们也应当是从多种角度来观察他认识他。如果只是拘泥于某一种角度，那么也就难免要陷入片面性的了。

看人的角度，首先有一个“人—我”之别。一般地说来，我们大家都习惯于从我，从主体，从自己的角度上来看待别人。这是非常之正常的，完全可以理解的。但是他人既然不是我，他有他的角度和处境和思维的习惯。他的这个角度和处境和思维的习惯,显然是与我的一套大不相同的。我与他各自从自己的角度和处境和思维的习惯出发,那么即使是对于完全相同的一件事情,也不可能有相同的相近的认识。既然没有相同的相近的认识,那么我同他怎么能够沟通呢?怎么能够没有矛盾呢?于是,为了我同他人之间的相互理解,为了我同他人之间的和谐的相处,我们就有必要适当地变化一下角度,站在对方的角度上来思考。这个时候,就会发现,对方也并不是一点儿道理也没有的,他也有他的苦衷。黑格尔说:凡存在的都是合理的。对方既然是一种存在,当然他的言行就也有他的道理——所谓道理,也就是一种因和果的关系吧。

你是一个教师,你对于你的学生长久地不来看你,忘记了你,有点儿不高兴,说他或他们忘恩负义,没有良心。这样想呀想呀,你苦恼极了。有一天,学生来了,你责备他一顿,出了一口气。但是他很是委屈,也许从此以后他再也不来看你了。其实呢,你改换一个角度,从你的学生方面来想想:他有那许多的老师呢!他有自己的工作、家务,他有自己的不顺心的事情!他其实也并没有完全地忘记你,虽然他不可能天天都在想着你。其实,你也有你的老师,你也并没有天天地想你的老师呀!你也并没有经常地去看你的老师呀!再说,你有许多的学生,假如,他们个个人人天天时时都想着你,都三天两头地来看望你,你又怎么能够受得了呢?

在学生毕业时,我常常在他们的留言簿上,或者是自己口头上,一再强调:“忘记我!走你自己的路!你有许多的事情要做,不要老是想着你的老师!”

但是,我并没有真正忘记自己的学生的,我的学生也是不会真正忘记了我的。

在我们的生活中,经常会遇到的是:他人突然地改变了主意，这常常使我们大为恼火。其实，这时，需要的也是来一个“人我换位”。例如说，有一个朋友，他真诚地热烈地三番五次地请求你到他的家里头去做客。可后来，你真的要去到他的那个家里头做客时，他却又不乐意了，不欢迎了。于是你就大怒，责备他是一个不守信用的人，是一个言而无信的无赖。这其实也是大可不必的。你也应当来一次人我换位——从他的角度上来想想看：他的处境有了变化了，他的心情有了变化了，他现在有了难处了，他有了某种难言之隐了，人们内心中的许多的意念是很难用言语来表达的，有时自己也是说不清的。他有了变化，总是有他的原因的，有他的道理的。在我还没有弄明白他的原因之前是不应该去责备他的。因此，他人热诚地请我去到他的家里头做客，我感谢他。现在他改变了主意，不欢迎我到他的家里头去做客，我就谅解他，相信他这样做总是有某种道理的。

如果能够做到“人—我”相互换位，我们就会“得饶人处且饶人”了。这一来，我们自己的烦恼也就少得多了。人我的关系也就不会老是那样的紧张。也就不会整天地牢骚满腹，骂张三骂李四了。而一个牢骚满腹的人，怎么能够长寿呢？怎么能够说是活得幸福呢？

因此，我说，这个人我换位的变化视点的艺术正是我们一个人活得快活幸福的一个小窍门，一种艺术手段。

# 你—我—他

南京的《新华日报》(2003年1月29日)有篇短文,题目做作《多用代词有益健康》。文章介绍美国得克萨斯大学心理学家佩内贝克的新颖而独特的研究成果。他对183个学生和囚徒进行调查，这些职员按照要求每天花15——20分钟围绕具体题目写作。分析这些作文中的19个代词的分布频率，研究者发现:那些频繁变换代词的人,健康状况更佳。研究的结论是:代词的使用可能与人的健康状况存在相关性。

我相信这个研究成果。因为二十年前,我在一篇短文中,就说过:“我”就是我,当我开口说话的时候。你也是“我”,当你开口说话的时候。他也是“我”,当他开口说话的时候。我也是“你”,在听你说话的时候。我也是“他”,当我不在场,你们说到我的时候。明白了我是“我”、也是“你”、还是“他”、你和他也是“我”的时候,我才是幸福的。不懂得我也是“你”、也是“他”,你和他也是“我”的人生活是不很愉快的。

现代汉语中的人称代词是很简单的。三个人称和单复数的区别，对所有的人都是共同的，不会随着交际的情景或说写者的感情而改变的，是相对稳定的。但是，交际中的具体用法却是比较复杂的，它的具体所指，将是随着交际环境和个人的意愿而改变。

在交际活动中，人人都是“我”，个个都是“你”。你一开口说话，你就是“我”了。我也是“你”，是你对我说话时，你说的“你”就是我，不是你。每个人都是“我”，当他说话的时候，但又是“你”，当他听话的时候。在交谈中，我是“你”，你也是“我”，真个是“我中有你，你中有我”，我和你是不可分的：你的“你”是我，不是你，也不是我的“你”。我的“你”，是你的“我”，不是你的“你”。你的“我”是我的“你”，不是我的“我”！我的“我”，是你的“你”，不是你的“我”！当我不在场的时候，如果跳出交谈圈，在他们的言谈中，我和你就成了“他”或“她”或“人家”了。

在言谈中，我们有时用第二人称代词的“你”，甚至用第三人称代词“他”或“人家”来称呼自己。例如，我们自我责备时，也常用“你”来代替“我”，“你呀，怎么这么傻?！”这个“你”其实是“我”。在日记中，日记的主人公往往用“你”来代替“我”，来指称自己。再如，“我知道你是很喜欢他的。他也是喜欢你的。”“请你不要欺侮人家，人家又没有惹你！”这里的“他”和“人家”，指的其实就是说话人自己。

人是社会动物，人称代词是人的社会关系的产物，人称代词是人在交际活动中的关系的标志。说话时是“我”，听话时是“你”，不在场时是“他、人家”。人称代词是人的社会身份的标志，作为一个积极的主动的行动者，就是“我”——“我说、我想、我要、我做、我敢、我以为、我决定……”。但人在社会中不能永远是中心，不能永远说下去，说个不停，人必须承认他人也可以做中心，自己也能也应当去做配角副手，自己也必须闭上嘴巴，洗耳恭听人家说话，只要知道“我”也是“你”，乐意做

“你”的人，才是真正懂得人生的人。再进一步说，人，还必须懂得自己其实既不是“我”，也不是“你”，只是一个“他”、“人家”、“那家伙”而已！

做人切不可忘却：我永远是“我”，但也要乐于、善于去做“你”，有时也要主动地心甘情愿地去做一个“他”。做“我”的时候，切记：世界上有千万个无数个“我”，“我的‘我’”只是其中的微不足道的一个“小我”！但只要找到“真我”，就能成为“大我”。

什么是“我的‘我’”？用现代人的时髦话来说，就是：什么是“自我”，心理分析大师认为人有三个“我”。有个传统笑话说，一个董超薛霸式的公差押送一个和尚罪犯。罪犯在他醉酒熟睡之时，削了他的头发，然后逃跑了。他醒来摸摸自己的光头，说：“罪犯和尚还在，可‘我’到哪里去了呢？”这个他把头发当作他的“我”的本质、最重要的区别性特征了。

# 成人不自在　自在不成人



2006年8月，在六盘山旅游时，我对一个小学生说："你不是人。"她不服气，说："我是未成年人。"我说："未成年人不是人，人不是未成年人！"

是的，小孩不是人，乘车不买票。"长大成人"，长大了，才是人。成为人了，还要举行成人仪式。

汉语中，"不像一个人"、"不是一个人"，都是骂人话，就是"不是一个东西"、"是一个畜生"的意思。

做人，是中国人的人生追求。陆九渊说："不识一字也要堂堂做一个人。"曾凡在《中国人的人生之道》(河南人民出版社1992年)中说："而在个人与社会的关系中，中国人的人生追求则凝聚为'做人'两个字。""可以说，'做人'是实践的要求，'天人合一'则是一种理想境界。'做人'是以社会为参照系的人生目标，'天人合一'是以自然为参照系的人生目标。"

"做人"，首先表现了中国人的实事求是的精神，不幻想成神仙进天堂。孔子说："不知生，焉知死？""未能事人，焉能事死？”在人的问题上，中国是比较的现实的甘心做“肉眼凡胎”的“一介凡夫”、“草木之人”，甚至甘心做“芸芸众生”，而反对“异想天开”、“装神弄鬼”、“白日做梦”等。

每一个人，一生下来，就已经是一个人了，只要他活着，就是在做人。因此，人本不需要“做”。然而，这个“做人”？是一个社会学的、伦理学的、文化学的字眼儿，它有特定的社会文化伦理的含义。所谓做人，就是，正如曾凡所说，“按照中国人的传统观念，做‘人’的核心是做被社会承认的、尊重传统的、体现传统价值观念的人。”而中国的传统是儒家文化的传统，中国的价值主流是儒家的价值。因此，所谓做人，说穿了，其实是按照儒家的价值观念来生活着，来待人接物，处理各种事物。所以儒家把做人看作为一个头等大事。

中国人的做人，分为三个等级：

第一，做一个正常的人，零度的人，规范的人，社会所允许存在的人。这是对一般老百姓的要求：“不偷不抢、问心无愧、无负于人、顺乎自然、安分守己、知足常乐”。周作人说：“前者要求有限的平凡的存在，后者要求无限的超越的发展，前者完全是入世的，后者却几乎有点出世的了。”(《自己的园地》，岳麓书社1987年)

普通老百姓的做人的目标是作为一个“有限的平凡的存在”。普通人最重要的是有一颗“平常心”。

第二，是水平线以下的人，不是一个人的人，是社会的罪人，他将不容于社会，不齿于人类的狗屎堆。就是“人”的负面的偏离。

第三，人上之人，超人，上等人，伟大的人。人的正面的偏离，对零度人的超越。他们追求的是“无限的超越的发展”：“修身齐家、治国平天下、经世济民、兼治天下、立德立功立言、年高德昭、高风亮节、义薄云天、经天纬地、泽被四野、流芳百世、一代楷模、为人师表、中流砥柱”。

中国人重视子女教育。自己是普通人，对子女的做人教育，往往是高标准的。“望子成龙”，做一个杰出的人：“人中之龙”、“人中狮子”、“人中龙虎”、“人中骐骥”。

做人的基点是每一个人自己。“对于个人来说，出发点总是他们自己，当然是在一定历史条件和关系中的个人。”（宋锦添《人生学导论》，中国人民大学出版社1990年）所以做人的关键是妥善处理个人同社会之间的矛盾。这是一个很不容易的事情。所以“做人难”就是历代中国人的一种共同的感叹。

宋代学者罗大经《鹤林玉露》引用大学者朱熹的话说：“谚云：‘成人不自在，自在不成人’。此言虽浅，然实切至之论，千万勉之。”“不自在”就是“难”，连大儒朱熹也深感到做人之难了。所以每个时代的普通老百姓都感叹做人难就是很好理解的事情了。

# 男婚女嫁　洞房花烛

夫妻关系在中国传统文化中的地位是非常重要的，甚至可以说是传统文化的核心。《易传·序卦》:“有天地然后有万物,有万物然后有男女。有男女然后有夫妻,有夫妻然后有父子。有父子然后有君臣,有君臣然后有上下,有上下然后有礼仪。”夫妻是人伦之始。有夫妻,才有父子。有父子,然后有君臣。社会和民族及国家,都是从夫妻开始的。

北魏和平四年(公元463年)文成帝发布诏书说:“夫婚姻者,人道之始。三纲之首,礼教之重者,莫过于斯。”夫妻关系在自然(天地)——人(男女)——社会(君臣)三位一体的儒家哲学体系中是不可缺少的一环,最重要的一个关键。中国君子的人生道路是:“修身、齐家、治国、平天下”。而“齐家”的核心内容是处理好夫妻关系,“齐家”是“治国、平天下”的必要的准备阶段和前提。在中国,连家也不能齐的人,是根本没有治国和平天下的资格的。

“男婚女嫁”、“男婚女聘”、“男室女家”,“男大当婚，女大当嫁”等，说到婚姻的合理性和重要性。结婚常见的颂词是：“伉俪情深、投桃报李、秦晋之好、百年之合”。

宋代洪迈说“久旱逢甘雨，他乡遇故知，洞房花烛夜，金榜题名时。”就是说，结婚是人生最为得意的时刻，当然这是从一个男人的视野来看待婚姻的。汉语中的许多词语往往是从男人的眼睛来观察世界的。

中国的婚礼中，婚联常常是不可缺少的。在丰富多彩的婚联中，最常见的是：

①海枯石烂同心永结
地阔天高比翼齐飞
②琴瑟永谐千岁乐
芝兰同介百年春
③柳暗花明春常在
珠联璧合影成双
④好鸟成双，嘉鱼比目
仙芭并蒂，瑞木交枝
⑤月朗晴空，今晚断然无雨；
风寒露冷，明朝必定成霜。

“无雨”就是“有晴”。“有晴”谐音为“有情”。结婚是以“有情”为基础的，这就是中国人的婚姻观。汉语夫妻叫做“伉俪”，“伉”是对等、相称的意思，“俪”就是成对的。“成双作对”就是结婚。

同西方婚礼的宗教意识和宗教气氛相比较，中国人的婚礼中则更加重视夫妻双方的感情的和谐与巩固，家族的和人际关系的协调，更有人情味，更有生活色彩。

现代汉语中，用“个人问题”来作为恋爱婚姻问题的委婉语。其实，在中国的传统上，婚姻并不只是个人的小事，而是家庭、家族的大事，社会和国家的大事——所以叫做“婚姻大事”。因此“男婚女嫁”，是家庭和社会生活中的最重要的话题，“男大当婚，女大当嫁”，这是天地间的正理正道。男大不婚，女大不嫁，并不是个人的私事，而是家庭和社会生活中不正常的现象，一种不安定的因素。及时解决大男大女的婚姻问题，是家庭、社会和国家的共同任务。

解决好男婚女嫁这个重大的社会问题，是儒家治国平天下的任务之一。孟子在同梁惠王对话的时候，引用《诗经》歌颂古代理想的社会时说：“当是时也，内无怨女，外无旷夫。”“怨女”，就是到了结婚的年龄却还没有结婚的大龄女子，老处女；“旷夫”，就是到了结婚的年龄却还没有结婚的大龄男子，老光棍，也就是成语说的“断雁孤鸿”。在孟子看来，“怨女旷夫”多了，人们的婚姻问题没有处理好，就是政治不好、出现了毛病的一种表现。于是，许多朝代，一旦遇到了天灾，皇帝就“解放”宫女（允许宫女离开皇宫去结婚过日子），认为这样做可以解决天的愤怒，得到天的谅解。这也就是说，男女的婚姻之大，还是因为它是天所关注的。

西方社会里，问别人的婚姻状况，尤其是对女性，是不礼貌的，是干涉了他人的隐私权。而在中国，人们见面谈话的最主要的话题就是对方的婚姻、家庭和子女问题：“你有朋友了么？要我给你介绍个对象么？”“你爱人在哪儿工作？他（她）对你很好，是吗？”“你有几个孩子？几岁啦？”这绝对不是干涉他人的自由，不是侵犯了他人的隐私权，而是对他人的最好的关心。在机关单位里，在熟悉的人们之间，人们最多的话题是他人的婚姻、家庭和子女，最有兴趣的事情是给单身男女介绍对象，帮助别人谈朋友——成人之美！

# “品头品足”说

成语叫做“品头品足”，又作：“品头题足、评头评足、品头论足、评头评足”。

《现代汉语词典》说：“指无聊的人随便谈论妇女容貌，也比喻在小节上多方指责。”《中国成语大辞典》说：“原指对妇女的容貌多方评论。现亦指对人对事说短道长，多方挑剔。”《现代汉语词典》中用了一个“无聊”，是现代中国人的观念。其实，那几乎成了当时中国人的普遍观念的了，也不限于无聊的中国人。

由“品”所构成的词语有：“品位、品行、品格、品节、品貌、品质、品味、品尝、品藻、品评、品议、品说”等。其中的“品位、品行、品格、品节、品貌、品质”，是名词；而“品味、品尝、品藻、品评、品议”是动词。这一差别是由“品”造成的，其实汉语中有两个不同的“品”，“品1”是名词性语素，意思较多，主要指：物品、等级、种类、品质。“品2”是动词性语素。意思是辨别好坏。

动词“品评、品味、品尝、品藻”的区别是：

(A)“动+动”式:品评、品尝、品议

(B)“动+名”式:品味、品藻

A类中没有动作的对象,B类中出现了动作的对象。

这些动词的区别主要在动作的对象上:

(A)特定的对象:品尝(食物)、品藻(人物)

(B)广泛的对象:品议、品论

“品头品足”是属于B类的,表层形式中已经明确地出现了评论的对象:头和足。但是没有说明是谁个的头和足,其实是专指女人的。其实评论的对象是女人,而又特指她的头和足。

如果直接按字面来翻译为外国语言,那么老外们是很难理解的。甚至会像民国初年,有人把“胡适先生,驰骋文坛”翻译为“胡适先生,经常在写字桌上跑马”一样的可笑。因为老外们,特别是西方的老外们,似乎并不把足当作女性美的关键。他们对于女性美,重在“三围”,特别重视胸部,从维纳斯的形象中东方人就可以明白西方人的这一观念的了。所以《汉英词典》解释说:

品头品足 make frivolous about a woman's appearance。 这里并没有出现“手”和“足”。

在我看来,这个“品头品足”,不是古代汉语中的词语,因为在中国古代,也还没有把女人的足当作女性美的最重要的标志。对于足也并不是以小为美,而只是以白为美,大诗人李白说:

“屐上足如双,不著鸦头袜。”(《越女词》)

“一双金齿屐,双足白如霜。”(《浣溪纱石上女》)

“屐上白如霜”,“樵女洗素足,行人歇金装。”(《劳劳亭》)

而且那时候，审美的对象也并不限于女人，对男人的足似乎也很重视。例如：

"双手举尔足，疾心若火焚。"(《李白送崔度还吴》)

诗人欣赏所举之足是一个男人的足。大概只是欣赏人家的足的白而不是小。

它只能是近代汉语中的词语，因为，中国古代对于女人的足，似乎还没有那么大的兴趣，并没有作为女子美的最重要的话题。把女人的足当作是妇女美的焦点的是近代的事情，再上推也是宋以后的事情。因此这个"品头品足"是不可能出现在先秦两汉时代的。

如果是一个读到过冯骥才的《三寸金莲》的人，那么对这一点就可能有深切的体会。近代汉语中对于女人的脚居然有那许多的称呼——美称，这些美称都是男人的伟大创造、惊心的"杰作"。

所以，品头品足、金莲、三寸金莲等都是汉语特有的文化词语。不懂得汉语文化的老外们，就真的是老外，只能目瞪口呆。

从更高的层面上看，中国人把女子的足当作一种审美的对象，同西方人被女子的"三围"当作审美的内容，都只是一种文化现象，是很难说谁个更有道理的。中国女人因为足而吃尽了苦头，西方女人为她的腰大吃苦头，这本没有什么不同的地方的。

# 望X兴叹……

## 一 "望"和"望洋"

"望洋兴叹"和"望梅止渴"中都有一个"望"字,但是两个"望"字不是一回事情。"望梅止渴"的"望"是动词,表示的是眼睛的功能,是"看、观、瞅、瞟、视、睨、凝视、瞩目、目击……"的同义词;成语"望尘莫及、望而却步、望而生畏、望文生义、望其项背"等中的"望"都是这个意思。但是,"望子成龙"中的"望"不是看,而是希望和期望。

而"望洋兴叹"中的"望",不是词,也不是语素,它没有意义。这个"望"不是看的同义词,同看没有关系。这个"洋"同样没有意义,不是语素,同海洋没有关系。也就是说,"望洋"不是动宾短语。"望洋"才是一个语素一个有意义的单位也是一个能够独立运用的语素。《现代汉语词典》解释说:"抬头向上看的样子。"

## 二 望X止渴

"望梅止渴"的主人公是曹操。那次曹操是成功了,靠"望梅止渴"渡过了难关。反对者指责他奸诈,搞阴谋;赞美者说他机智能干。

其实这"望梅止渴"有两种,一种是积极的,利用条件反射的规律,达到自己的预期目标,得到梅子,放在口里,才能止渴;曹操的大军没有得到梅子,只能望望而已,但是也解决了问题。这梅子是能够引发积极效果的正面的刺激物体,如曹操大英雄。

另一种是,消极的,不得已的,可望而不可即,勉强地应付的,只是依靠虚无的梅子来自我安慰,最终解决不了任何实际问题。作为一个成语,"望梅止渴"的意义已经不具有积极的意义了,大都是消极的。

"望梅止渴"中的"梅"是"止渴"的条件。"(解)渴"是人们期待的目标。事实上,人们期待的目标是多种多样的,而且达到目标的条件或手段也是多种多样的。甚至没有两种情况是完全相同的。许多时候人们得不到、不能够把握住这个条件,只能望梅止渴而已。这种现象是非常具体特殊个别的,当事人自己也难以把握和描述的。因为我们的文化中有了一个人所皆知的"望梅解渴",于是人们就把想实现的目标叫做"解渴",把"望梅"当作不得已也不能真正解决问题的手段。所以成语"望梅止渴"通常说的并不是望梅止渴,望的其实不是梅子,甚至也不是"望",而是某种替代方式;目标也不是什么"止渴",而是其他种种渴望的好事物好东西。但是却没有因此而仿造出许多新的说法来。

"望梅止渴"的近义成语是"画饼充饥"。

## 三 望X兴叹

“望洋兴叹”早就不是“望洋兴叹”了，常常被理解为：望着海洋而兴叹。古代汉语基本都是单音节词，几乎每个汉字都意义，这造成了一种强烈的趋势：说汉语的人不知不觉地总是喜欢把两个音节的单纯词强行分解为两个各自有意义的单位。因为作为看的同义词的望和海洋的洋是非常常见的，而“望洋”又早退出了后代语言的词库，于是“望洋兴叹”就成了望着海洋而兴叹了。现在除了语言学家和比较有学问的人，一般人大都不知道“望洋”是单纯词了，这就叫做积非成是吧。不过它不同于“桃之夭夭”，先把“桃”谐音为“逃”，然后再把形容桃花盛开的样子的“夭夭”曲解为无影无踪的意思。

其实可以这样看，有两个“望洋兴叹”：一个《庄子秋水》中的“望洋兴叹”，意思是在伟大事物面前感叹自己的渺小。另一个成语的“望洋兴叹”，意思是想要做某事而力量不够，感到无可奈何。“兴叹”演变成感到无可奈何，很是容易。把单纯词“望洋”改变成“想做某事……”，就比较麻烦些了，办法总是有的，那就是：把“洋”作为目标的象征符号。把“望”变化为动词，看，面对着。面对着目标而兴叹，为什么？力量不够呀！

世界上的人想做某事而力量不够只能兴叹的真是太多了，这时候就想到了成语“望洋兴叹”，许多时候“望洋兴叹”也并不是望着海洋而兴叹，其实基本上都不是望着海洋而兴叹。“洋”其实已经成了目标、期待的事物的一个象征符号了。

同“望梅止渴”不同，“望洋兴叹”成了仿拟的一种模式，于是：

望楼兴叹、望车兴叹、望鞋兴叹、望衣兴叹、望书兴叹、望鱼兴叹、望权兴叹、望钱兴叹、望星兴叹、望酒兴叹……

其中的“洋”可以被许多单音语素所代替，具体地表示所渴望的事物。徐国珍教授在专著《仿拟研究》(江西人民出版社2003年)中,列举了许多例子,显示这是一个非常能产很受欢迎的仿拟格式。读到那许多的“望X兴叹”的时候,我的感想是:现代人的欲望真的是太多了,想这想那,——现代人早忘记了老子!——现代社会虽然发达,但是,还是人家古人所说,人生不如意者常八九!许多欲望只能是想想而已,是没有力量实现的,于是就望X而兴叹了。我敢打赌:五十年代一个“望X兴叹”也没有,当然不是说五十年代人就没有欲望,或者有了欲望就都能实现,问题是:第一,欲望比现在少得多,二是即使有了,没有力量实现,而兴叹,也不说“望X兴叹”,而是直接说“望洋兴叹”,可能是那时代的人是一本正经的,没有现在人这样的风趣幽默好玩花样。

## 四 望X成龙

“望子成龙”,龙是动物,为什么希望自己的儿子成一条龙?西方人不敢想象。在西方,龙是恐怖的怪物。东方人说“亚洲四小龙”,西方人说“亚洲四小虎”,就是因为他们不喜欢龙,害怕龙。在中国龙可是最好的东西,中国人是龙的传人,龙就是英雄好汉成功者杰出人物的文化符号。龙的对立面是虫:“要做一条龙,不要做一条虫!”

望子成龙,为什么不望女成龙?男尊女卑!中国的父母把希望都寄托在儿子上,女儿是赔钱货,人家的人!“女子无才便是德”。

成龙大哥果然没有辜负他的父母的希望,果然成了龙。“人如其名”!

“望子成龙”的仿拟是“望女成凤”,但是我没有看到过这样的说法。但是显然是合理的,所以是应当会有的。

有的倒是“望夫成龙”。但是不能说“望妻成龙”,得说“望妻成凤”。例如:吴伟农的《谁折断了雏燕的翅膀》中的一个小标题就是:“望女成凤心切”(《一个间谍考官的手记》,文汇出版社1999年)。在汉语文化中,龙和凤分别代表了男和女,例如成语“游龙戏凤”。

# 哀悼与思考
## ——五月，地震的日子里



新华网北京5月18日电　据中国政府网报道，国务院今天发布公告宣布，为表达全国各族人民对四川汶川大地震遇难同胞的深切哀悼，国务院决定，2008年5月19日至21日为全国哀悼日。公告全文如下：

> 为表达全国各族人民对四川汶川大地震遇难同胞的深切哀悼，国务院决定，2008年5月19日至21日为全国哀悼日。在此期间，全国和各驻外机构下半旗志哀，停止公共娱乐活动，外交部和我国驻外使领馆设立吊唁簿。5月19日14时28分起，全国人民默哀3分钟，届时汽车、火车、舰船鸣笛，防空警报鸣响。

一

天地间，人为贵，我们悼念死者。

我们珍爱生命。人的生命是短暂的，死不能复生。

短暂的人生，应当享有尊严，像一个人地生活着。

救人第一！在地震中，我们珍爱生命。救人第一！

平常的日子里，我们也应当珍爱生命。也应当关心人，相互关心。起码，不可以害人。

为什么我们身边竟然出现那许多人害人的事情呢？地震过去之后，我们要继续相互关心，决不去谋害人，那太下作了！

## 二

以人为本，尊重人，是做人的最基本原则。

以地位、金钱等来污辱人，把他人不当人，都是愚昧的。这种人应当感到羞耻才是。

污辱他人，其实就是不把自己当作人，也是对自己的人格的污辱。

人就是人。把地位、金钱等当作人的本质，是荒谬的。

地位不是人的本质，金钱也不是人的本质。

地位和金钱都是人之外的东西。认识人，应当透过金钱和地位。

尊重一个人，不是因为他的地位和金钱，那才是真正的尊重。

## 三

一切为了人，这就是我们的价值观。

发展经济，是为了人。

现代化的最高原则是：一切为了人。

教育的最高目标是培养人——人格健全的人。

## 四

战场上奋不顾身地打击侵略者的是英雄。

地震灾难中,抢救人民的人,也是英雄。地震时救一个人就像战场上消灭一个敌人一样,都是英雄。

这次地震中涌现出来的许多当代英雄,都是我们学习的榜样。

第一批到达地震中心地带的救援人员,是当代英雄。

从天而降的空降兵,是当代英雄。

把七十一个小学生顺利转移安全地带的小学教师们,是当代英雄。

成龙,是当代英雄。

温家宝总理,是当代英雄。

……

这些当代英雄将记载到我们民族的史册中。这是我们民族的精神财富。

## 五

三名年轻老师地震中用生命保护学生,那些为了抢救学生而牺牲了的老师,我们要特别对他们三鞠躬。

他们永垂不朽!他们净化我们的灵魂,他们激励我们努力上进,而不苟活在这个世界上。向他们学习,做真正的人。

我们要宣传地震中涌现出来的英雄人物

民族的复兴需要一大批英雄人物。

二十一世纪应当是中华民族英雄辈出的时代。新的时代,新的历史人物,当代英雄有新的含意。

在英雄的面前,有些靠人民养活,而不做有益于人民的事情的人,还居然毫不羞愧!活丑!

## 六

孩子们手里握着圆珠笔走了……

我们应当加大教育投入，尤其是农村中小学。

造庙宇、建坟墓，舍得花大钱，为什么农村中小学的校舍却没有钱建造？

## 七

一个伟大的民族，必须具有博大的胸怀。这次地震中，中国人民和中国政府的胸怀开阔了。

中华民族应当具有更加开阔的胸怀，才能站立在世界上。

一个具有五千年文明历史的民族，不应当小肚鸡肠。

一个伟大民族的儿女，同样不能小肚鸡肠。

“中国人”要配作中国人。

## 八

地震中，时间就是生命。必须争分夺秒。平常的日子里，官们拖拉、敷衍、懒散、不负责，就是可以的了么？在办公的时间内，都要讲究效益，不可以玩忽职守。

地震中，我们无私地支援灾区人民。平常的日子里，我们对他人对老百姓，也不可以那么样的冷漠呀！

地震中，我们感受到我们都是一家人，都是亲兄弟亲姐妹。帮助他人减少痛苦，就是我们的快乐。那么，平常的日子里，也助人为乐吧。

## 九

地震灾难，激发出我们身上的人性。

想想吧：平常日子里，我们怎么会失去了，或者淡化了我们自己的人性的呢？

让我们永远做一个善良的人吧！

## 十

大跃进时代，我们高呼："喝令三山五岭开道，我来了！"何等的气概。然而，事实很是残酷的，我们人并没有这样强大的。在大自然的面前，我们还是谦虚一点的好。

其实，在其他人的面前，我们也应当谦虚些。

在大自然的大灾难面前，我们才发觉人是多么的渺小与脆弱。然而这只是问题的一个方面，在大自然的大灾难面前，人也表现出最伟大最崇高的一面。

生命是大自然最顽强的。你看，那崇山峻岭的峭壁上的大树与小草，在顽强地生长着。

## 十一

最好不要发生。但是，已经发生了，已经发生的事情，是不能让它不发生的。现在最关键的是：救人！救人！救人！

地震已经发生了，就勇敢地面对灾难。我们要说：我们一定能够顶住，我们一定能战胜灾害。豪迈的气概，很好。但是，要认真谨慎。战胜灾难很不容易。需要我们做许多事情，需要我们作出许多牺牲。把豪言壮语变成现实需要流血流汗的。必须有这样的心理准备。

不但努力做好重建工作。更要思考未来。为了子孙后代，我们要做许多工作的。当然每一个人首先是做好自己的事情，做自己应当做、能够做的事情。

# 第二辑　智慧孕育幸福

# 偏见

## 一、是人都有偏见

“偏见”是一个贬义词。偏见就是偏颇的不全面的见解，不正确的看法。

人人讨厌偏见，但是人人都有偏见。人们讨厌的是他人的偏见，“偏见”是我们指责他人的一个法宝。我们不承认自己也有偏见，我们往往强调我们自己是最没有偏见的，其实这就是最大的偏见。

事实上，人人都有偏见，没有偏见的人是没有的。甚至，连上帝也有偏见，《圣经》中证据多得很，选择以色列人为上帝的选民就是上帝的偏见，在非以色列人的我们中国人看来，《圣经》就是如此。

文人是最偏见的人，没有偏见就没有文学。但丁的《神曲》是偏见，把仇人放在地狱里，让女朋友陪伴在上帝的身边；罗贯中的《三国演义》是偏见，曹操就那么坏？刘关张就那么伟大？

科学家是力求不偏见的人，是最少偏见(偏见最少)的人，然而科学家也有偏见，爱因斯坦就有偏见，他同玻尔的争论就是偏见的体现。

革命家都有偏见，没有偏见就成不了革命家，革命家往往是矫枉过正的人。

鲁迅从不相信那些自称“不偏见”的人，最不相信那些假冒公正的人。鲁迅是一个很偏见的人，对中医中药的偏见尤其鲜明。鲁迅提出不读中国书，当然是一种偏见。

也许是受了鲁迅的影响，我从不自以为无偏见，我常常说：“这只是我个人的偏见……”。我对他人的偏见，绝不用“偏见”来否定、抹煞、打倒，我允许他人有偏见，承认他人偏见的合理性。黑格尔说：凡是存在的都是合理的。偏见是一种存在，所以它也是合理的。不承认偏见的合理性，这就是一种偏见，就是不合理的。

我以为，我们的对立面站在他们自己的立场上，当然就会认为他们自己的言行是合理的，合乎逻辑的，绝不是偏见。

对于偏见，否定它，抹煞它，打倒它，很容易，但是，没有用处，重要的是分析它。

个性、风格，其实就是偏见的组合。我甚至说，个性和风格就是个人的偏见的组合。完全没有了偏见，也就没有了个性和风格。

因此，在我总是把“偏见”当作中性词语来看待的。

## 二、偏见种种

偏见是多种多样的。

例如：国家的偏见，民族的偏见，地域的偏见，时代的偏见、政治偏见、意识心态偏见、性别的偏见，年龄的偏见，文化的偏见，宗教的偏见，职业的偏见，语言的偏见，饮食的偏见，服饰的偏见、审美的偏见……。

情人眼里出西施。因为情人的绿罗裙，于是乎处处怜芳草。——爱情的偏见。

南蛮北侉——地域的偏见，语言的偏见。

胡说八道、胡搅蛮缠——民族的偏见。“胡”和“蛮”指中国北方和南方的少数民族。认为少数民族就不讲道理不合逻辑，这当然是我们汉民族的偏见，汉民族人就都讲道理合乎逻辑？

男人没有一个是好东西！女人没有一个是好东西！——性别的偏见。女人的父亲都是男人，男人的母亲都是女人！

大男人，小女人。头发长，见识短。好男不跟女斗。——男人的偏见。不如女人的男人多得很，许多女人大大胜过男人。

嘴上没毛，做事不牢！——年龄的偏见，老人的偏见。昏庸愚昧的老人有的是，相反的是，“自古英雄出少年”。

老东西，老不死的——年轻人的年龄偏见。为什么忘记了姜太公？德国的歌德呢？邓小平第三次复出的时候是七十大几的老人了。

古代以肥胖为美，现代人要减肥要瘦身，以瘦小、苗条为美。中国古代女性要束胸，现在女人追求丰乳隆乳……——这是人体审美的时代偏见。

谚语说：“男不露脐，女不露皮。”现在，女性服饰就是要暴露肚脐——露脐装！——这就是服饰的时代偏见。

中国人以白为美，非洲黑人以黑为美，中国人对欧洲人的皮肤的白，非洲人的黑，都不那么舒服的……——这是人体审美的地域、民族偏见。

宗教是鸦片。——无神论者的偏见。

远东、中东、近东——欧洲中心论的偏见。

中国威胁论——当今西方世界上的天大的偏见。

十字军远征——基督教的偏见。

偏见有好，有坏。也有说不上好和坏的偏见。毛泽东的爱吃辣椒和红烧肉，是他的自由，只要他不逼他人也都如此，就谈不上好和坏的。

## 三、饮食的偏见

西方人指责东方人，尤其是韩国人和朝鲜人吃狗肉，不文明，野蛮！狗是人类的好朋友，这就是西方人的偏见。其实，西方人吃牛肉，牛是人类的好朋友，难道能够指责吃牛肉的西方人是野蛮人吗？

西方人讨厌中国人的吃动物的内脏——下水。法国人的美食鹅肝也是动物的内脏呀！

蜗牛怎么能够吃呢？法国人竟然当作美味佳肴！

我是苏北淮安乡下人，小时候，听得最多的是：嘲笑山东人的吃豆虫和知了，南方人的吃蚕蛹。徐州人是“老侉子”，扬州人宝应人是“贸子”（蛮子）。

1950年，我刚刚从苏北到南京的时候，惊讶的是南京人那么爱好吃“旺鸡蛋”——现在有了好名字，叫做“活珠子”。

四川人的爱辣，江浙人的喜欢甜，东北人的爱咸，山西人的吃醋，……——都是饮食偏见。

从前，大肥肉是好东西，现在走红的是精瘦肉，这是饮食文化中的时代偏见。

瓜子是中国人的最爱，外国人好奇，惊讶中国人的嗑瓜子的技术和艺术，他们很难学得会的。

不同民族和地域的人民之间的饮食偏见容易引发民族和人群之间的矛盾和冲突。如果相互容纳，相互学习，相互补充，就能够形成新的饮食文化。

## 四、文化，某种意义上说其实也是偏见

偏见到处都是，某种意义上偏见其实就是文化。任何一种文化其实包含着某种偏见在内。

我的硕士博士生毕业的时候，都要身穿硕士服、博士服照相。我虽然为他们得到硕士和博士头衔而高兴，但是从没有同头戴硕士帽、博士帽，身穿硕士服、博士服的学生照过一张相片，因为我不喜欢这种服装，甚至有一点讨厌。但是我知道，这种服装是一种文化。

中国的石文化、玉文化，在欧洲人看来，都是中国人的偏见，石头就是石头，有什么值得如此如此的呢？

小脚文化，辫子文化，……——老外会认为是中国人的偏见的。

以前，中国香港法官头戴假发套，这是大英帝国的文化。

日本饮食文化中的女人体宴，沐浴文化中的男女同浴，体育娱乐文化中的大相扑——这是其他民族就很难接受。

中国用筷子，西方用刀叉；中国合食，西方分餐；中国人喜欢龙，自称是龙的传人，西方人害怕、恐惧龙；中国人喜欢蝙蝠——幸福的象征，西方人害怕、讨厌蝙蝠——恐怖的吸血鬼蝙蝠；中国人讨厌狐狸，西方人喜欢狐狸……，这就是文化。

中国人的眼睛里，猴子都是瘦的，猪都是肥胖的，这是文化的偏见。

“我喜欢，我愿意……”就是偏见，它给我们的生活以某种色彩。

收藏家就是依靠偏见过日子的人，他执著于他的偏见，虽九死而不悔。

屈原的伟大就在于他的偏见，就在于他为他的偏见而死！

## 五、我的偏见

我写文章常常说:“这只是我的偏见,……”

我不想代表全人类,我不把我自己打扮成为真理的化身,我不想显示我的客观和公正。

我常常说:我不反对他人的自私和偏见,这是合理的。做一个人,居然不自私,不偏见,那才怪呢!问题是这个自私和偏见得有一个度。一点儿也不自私的事物,还能够生存么?

我害怕狗、猫、蚕、毛毛虫和牛、马等,我几乎害怕一切动物——巨大的或者渺小的。

我以为,诗被唐人写绝了,词被宋人做绝了。我不喜欢明清的诗词,更不喜欢当代人的诗词作品,虽然我支持和鼓励朋友写古诗词。

我记得《圣经》上说:上帝叫一个人死亡,先让他发狂!但是,我想:国家、民族、个人,最好都不要发狂。偏见的结果中最可怕的是——由偏见而发狂!

## 六、偏见是可以改变的

偏见要不要改变?

那要看时间地点和条件。

偏见是可以改变的。

我害怕一切小动物,我不理解为什么那些人那么喜欢养宠物,我瞧不起那些喜欢宠物的人——莫名其妙,玩物丧志。

我的小儿媳喜欢狗,大概是因为我的缘故,她不敢养狗。但是她和小儿子领回来一只一个多月的猫——女猫,我不好说什么。现在,我几乎离不开这个小猫咪咪了。老伴自称是眯眯的奶奶,把我叫做咪咪的爷爷,常常说是我把咪咪惯坏了!我打电脑,她在我的屁股后面,一会儿,她钻到我的键盘上,胡乱按键盘，用她的小爪子打搅我：早晨，她等着我带她上楼，到阳台上去……我于是改变了自己的看法，纠正了我的偏见，我理解了那些喜欢宠物的人了。

儿子和媳妇养了一条贵宾狗来福，改变了我害怕狗、讨厌狗的偏见。现在，看不到来福，还很想它呢。

真的，没有偏见的人，自称没有偏见的人，我不喜欢，我不相信。我喜欢有偏见的人，我喜欢承认自己有偏见的人。

# 战胜你自己

一

俄罗斯共产党的领导人久加诺夫访问中国，访问少林寺，问一个长者，谁最厉害？

回答："有许多厉害的人，他们能够战胜对手，不过，最厉害的人是能够战胜自己的人。"

久加诺夫非常赞赏："最厉害的人是能够战胜自己的人。"

什么？最重要的胜利是战胜自己！荒谬不？不！有点儿道理。还不，这是最高的道理。

关键问题是：

战胜自己的什么？怎样战胜自己？

战胜自己的愚昧和无知，战胜自己的胆怯和懦弱，战胜自己的过分的自私和无止境的贪婪，战胜自己的莫名其妙的虚荣，战胜自己的目中无人、刚愎自用，战胜自己的懒惰。

## 二

其实,这是中国传统文化中的一个常识。

《道德经》中说:“知人者智,自知者明;胜人者有力,胜己者强。”我们完全可以说,老子最早提出“战胜你自己”的口号的。

清代人金缨编辑的《格言联璧》中说:“欲胜人者先自胜,欲论人者先自论,欲知人者先自知。”对,连自己是什么人,都不知道,还谈什么知道他人呢?还不能给自己一个比较能够让人们接受的评价,怎么有资格去评价他人呢?

人们常常说:“你还有脸说人呢!先撒一泡尿,照照自己吧!”虽然刻薄了一点,道理的确是这么回事情。

# 蜉蝣的辉煌

理查德·道金斯在《伊甸园之河》(上海科技出版社1997年)中谈论到蜉蝣的时候,写道:

> 蜉蝣幼时为水下若虫,它们在水里进食,生长达三年之久后,它们羽化成为会飞的成年蜉蝣。成年的蜉蝣只生存几个时辰。它们的任务就是一直飞到发现一只配偶,然后,交配,留下它们的——基因包括在水下进食3 年的有用若虫的基因——之后,它们就死去了。一只蜉蝣就像经年累月成长起来的树,花开尽后经历辉煌的一天就死去了。成年蜉蝣就是在生命结束而新的生命开始之际短暂开放的花朵。

我们是应当为蜉蝣唱一支挽歌、安魂曲呢,还是唱一支颂歌、赞美曲呢?

普普通通的人,对于蜉蝣的生或死,当然是无动于衷的。

不要责备他们全无心肝，挣些钱财养家活口，这就很不容易了，已经够他们苦恼的了，哪里还有时间来瞎操那个闲心——“咸吃萝卜淡操心”，何必呢？

至于敏感的诗人们，大概要哀悼、叹息蜉蝣的可悲可叹可怜的一生，而且还要掉下一些儿眼泪来的。不过，诗人的眼泪本来是不值钱的，诗人们都是吃饱饭没有事做的人，都是感情过剩的人。

而那些哲学家，他们没有心肝的、冷静、冷酷、无情的人，对于蜉蝣的一生，大概会唱一支颂歌，开一次庆祝大会，庆祝大自然的胜利，庆祝自然规律的不可抗拒性。庄周或许是这样的哲学家。庄先生的老婆死了，居然鼓盆而歌！他们是对的，然而，总叫人心里不那么痛快。

从前，忙着自己的工作，我也是根本不去考虑蜉蝣的死活的。今天突然想到、关心起蜉蝣来，是因为阅读了几本关于宇宙的书籍，明白了一个铁一般的事实：在宇宙间，对于宇宙来说，人所处的位置，所承担的角色，真真地还不如蜉蝣呢！从别一个高度智慧的动物——一定是存在的，也许还不止一个、二个！——的眼睛里看出去，我们的一生挣扎、奋斗和成功，远远是还不如蜉蝣美妙的呀！他们也许会把我们当作蜉蝣来同情、来哀悼的？

但是人类总是爱面子的，自称蜉蝣心情总是不好受的，那么就自比为樱花吧。日本人喜欢樱花，据说就是因为樱花短暂正如人生一般。井原西鹤所《好色一代女》中说：“正如凋谢辞枝的樱花，到了晚上就成了委地之樵一样，有色有香的年轻人也是不久就迎来人生的夕阳，于是付诸荼毗，化为一缕青烟。这是任何人都无法逃脱的命运。”(1页，漓江出版社1996年)樱花也只有短时间的辉煌，正同蜉蝣一个样。

想到这里，对于往日里为某一些的无所谓的琐屑无聊的事情而进行争斗而感受到的痛苦，对于你我他曾经有过的过度的悲哀和伤感，难道不觉得非常的滑稽和可笑么？

想到这里，一个全新的意念的小船突然间悄悄然地就闯进了我们的心海，就像一片清新的田野上吹过来的清风：连蜉蝣也有蜉蝣的辉煌，我们又何必悲伤？问题是我们自己的那个辉煌呢？它在哪里？啊，苦于追求的人们呀，我们偏偏就忘记了我们自己的辉煌，那真正属于我们的、由我们的双手所创造的辉煌。

# 敢于不为

人生的艺术，不在于你想做什么，而在于你敢于不做什么。

想做什么,是太容易了。人生在世,想要做的事情,真的是太多了,说也说不完的,例如:吃得好,穿得好,住得好,有钱,有权,有势,……例如:出人头地,流芳百世……;例如:做大总统,统治全世界,……;例如:做大师——艺术大师,伟大的科学家,例如,做亿万富翁,……;例如:做歌星笑星、影帝影后、拳王球王……;例如:出国发洋财,捞一个美国绿卡,……

闭上眼睛，毫不费力——不费吹灰之力地就可以说出一长串的想做的事情的名目来的,每一个人都能的。

然而,想做的并不是就一定能够做得到的,未必就能够成为现实的。

人同人相比,并不在于哪个人的想做的事情多,而在于:他做了什么,他成功了什么,他就比别人更加幸福而快活。

看报纸杂志,听广播,看电视,有一点小小的启事,就是:

那些走上犯罪道路的人,正是因为想要的东西太多。想要的东西太多，而又没有本事和渠道取得，就往往会走入邪门歪道的。

人生的艺术,其实就在于:敢于有所不为——重要的在于你决心不做什么。

敢于不当官,不发财,不要排场和荣誉的人才有希望成为真正的学者,伟大的学者。又要当官,又要发财,又要出风头,什么都想的人,居然成为真正的伟大的学者,恐怕是绝无此事的！我坚信这一点。

身败名裂的贪官——蹲在大牢里的——，错就错在要得太多太多。

# 得与失

一

人生的大课题无非是“得”、“失”二字。患得患失，很痛苦。处理好得失，很快活。

孔先生赞叹楚国的贤人，三次当大官，得之不喜。三次下台——就类似邓大人？——也没有不高兴的。坦然处之，难得！

得失有时间差别，有眼前的得失和长远的得失之分。当年希特勒，得到的真的多多多，多得不得了！但是转眼之间，灰飞烟灭，两手空空见阎王！林则徐失去了官衔，关天培将军在虎门炮台失去了头颅，但是成就了民族英雄的地位！今日台湾的陈水扁夫妻得到的很多很多，但是将失去的，必然更多更多。贪官们得到的很多很多，但是，最后呢？

凡是玩弄阴谋小诡计的人，得到的只是一时，他们将永远地失去！失去永远！

我常常举例说，老太太上街卖菜，为了一棵葱，争执半天，临走，在小贩不注意的时候，还要偷偷地抓一棵！得意洋洋！但，一转身，人家说什么什么，她就急匆匆回家，捧出若干万元，奉送给骗子。这是善于小得，喜欢大失，大得不能再大的失！

关键的问题：何处得？何处失？

中国古代最聪明的韩非公子，教人赛马，失去一次，得到两次！上算！聪明！

## 二

山西五台山，显通寺，有一个题词：

> 舍得舍得，先舍后得；
> 小舍小得，多舍多得；
> 舍在前，得在后；
> 舍不得，最终还是得不得！

和尚的话，好绕口呀！不如干脆就说：全都是身外之物。得呀，失呀，全是身外之物！不是带来的，也是带不走的。赤条条无牵挂而来，不带走一文小钱而去！哪里还有什么得呀失呢！

## 三

不认字的老百姓说："舍不得孩子，就套不住狼！"

呀，太可怕了！我的妈妈呀，为了一只大灰狼，我们的父母居然舍得我们小孩子！大灰狼比亲生的孩子还重要！妈妈呀，太可怕了！

## 四

人生在世，无非是"得失"二字。有得必有失。只得而不失，恐怕不行。说一句笑话,得到一个老婆或者一个老公,也就失去其他异性作为配偶的可能性与可行性。

世界不是你一个人的。不能你只是得,人家永远地失!

你失了,才能得。不失,就不能得。两只手里全都是东西,其他东西你怎么去得?必须放弃手里的东西,才能得到另外的东西。

问题是:你想得到什么?愿意失去什么?你在哪里得?在哪里失?

关键是:不可以得不偿失!

## 五

我们一代人义正词严地曾批评过"吃小亏,占大便宜"的庸人哲学。但是也不能"吃大亏,占小便宜"。

也许根本问题,就在于:"亏"和"便宜",如何理解。

## 六

也许,"得"就是"失","失"就是"得"。

如果进到这档次,就不必谈"得失"二字了。

## 七

西班牙的塞万提斯说,他失去了一只胳膊,另外一只胳膊就更光荣了。换一句话说,失去了一只胳膊,得到了光荣。

在抗日战争时期,在战场上,许多中国将士,失去了生命,但是他们永垂不朽,例如张自忠将军。

## 八

春天,我们失去了最好的粮食,埋在地下。秋天,我们收获了。

春天,我们把钱撒到地里头,购买肥料,撒在地里。秋天,我们收获了。

夏天,我们失去了许多汗水,在地里头。秋天,我们收获了。

## 九

在人生的春天,我们苦读,像一个二傻子一样,全心全意地学习。

在人生的夏天,我们在烈日下,像奴隶似的干活,心甘情愿,死心塌地,至死不悔。

在人生的秋天,我们收获成功与快乐。

在人生的冬天,我们怡然自得地享受我们应当享受的一切。

# “胡子、眉毛一把抓”

咱中国人不喜欢“胡子眉毛一把抓”。对“胡子眉毛一把抓”的简单粗暴的做法，一向是持否定态度的。中国人是很辩证的，主张具体问题具体分析、具体对待的，对待不同性质的人和事必须区别对待。结论是：辩证法是咱中国的传统思维方式——国之瑰宝也。

胡子是胡子，眉毛是眉毛，胡子眉毛决不能一把抓的。亲兄弟还要明算账呢！胡子和眉毛干吗要混淆在一起呢？但是，有时候，我却想：为啥胡子和眉毛就不可以、不能够一把抓呢？胡子和眉毛都长在咱脸上的东西呀，都是咱的私有财产，他们俩又靠得那么的近，抓不抓是我自己个人的事情，你们管啥闲事体？！狗逮耗子多管闲事！青菜萝卜，各有所爱！我这个人就是喜欢胡子眉毛一把抓，省事儿，有啥不好的呢？！管得了吗？

如果胡子是长在嘴上的毛，而眉毛是长在眉目上的毛。都是毛，而且都是脸上的毛，那么，胡子和眉毛一把抓，并没有大错误的呀。何况，庄子说过这样的意思，从同者观之，万物皆同——泰山与尘埃也还都是一回事情呢！又何况是胡子和眉毛呢，当然是相同的，完全可以一把抓的。不过，不是气功大师的那种给人家治病的那种“一把抓”——我看过，似是而非，说不清的。

当然，庄子也说过，从异者观之，万物皆异！何况胡子和眉毛呢！你看，胡子分上和下，而且，上面的胡子和下面的胡子还有各自不同的名字呢！上面的叫做“髭”；下面的好像没有一个专门的名称，上下不平等了。或者说，是语言符号系统中的不对称现象，也可以说是语言符号中的“空档”、“缺位”现象。两颊上的叫做“髯”。关老爷被尊称为“美髯公”，他的胡子好像是上下都有的，并非只长在两边的。

眉毛分的是左和右。胡子在眉毛之下，眉毛在胡子之上。两者相差很远的呢！这怎么可以一把抓呢？太糊涂了！对于汉字，差一点就是两个不同的字，礻≠衤！治≠冶！胡子和眉毛，相差何只是一点呢，当然是不能一把抓的了！再进一步说，不仅胡子眉毛不能一把抓，连眉毛和睫毛也不能一把抓的呢！

从文化方面看——现在最时髦的字眼就是“文化”，不问啥东西，只要同“文化”挂上“钩”——就是好东西！于是就都可以身价百倍的呢！在中国文化中：

胡子——男人！眉毛——女人！

胡子，又叫“须”，是男人的象征，是男人的骄傲。“美髯公”关羽是个大男人。“虬髯客”也是个大男人。

眉毛总是同女人联系在一起的。凡用眉毛来代替人的，就一定是女人！屈原说的“娥眉”正是女人，美女也。“张敞画眉”，是为女人画眉，是爱情的图画。

如此说来，男和女的差别可真个是大着呢！真个是不可以混为一谈的呀！也许，这“胡子眉毛一把抓”用于男人和女人不可混淆在一起，不可用同一个办法来处置，就是最合适的了，这样的解释当然是合理的。但是，一般人好像并没有这样来理解和使用。看来，合理的东西，也还并不是语言选择的唯一的条件。合理的东西也并不等于就是人们所喜欢和习惯于使用的东西。

文化——中国文化的确是一个复杂的东西，千万不可以简单化的。曹雪芹在《红楼梦》一开始就说了："我堂堂须眉，诚不若彼裙钗，我实愧之有余，悔又无益，大无可如何之日也！"那"裙钗"是指女人（其实中国古代男人也可以穿裙子的呢！《水浒传》中的男人就穿裙子的。），而"须眉"却只指男人的，女人不长胡子，这对的。但是，谁说女人不长眉毛的呢？怎么眉毛只是男人的特权了呢？是谁剥夺了女人家长眉毛的专利的呢？这因为中国古代女人有剪去眉毛的习俗。正因为天生的眉毛已经被剪去了，才需要人工地画上眉毛的。既然女人的眉毛已经被剪去了，那么也就可以说女人是没有眉毛的人了，于是，眉毛和胡子就都成了男人的专利和特权了。于是，"须眉"就成了男人的代名词了。既然胡子和眉毛都只有男人才有，那么，胡子和眉毛能够一把抓的，也只有男人了。只有粗心大意的马大哈式的男人才会胡子眉毛一把抓呢！对呀，女人不仅因为本没有胡子和眉毛就不能胡子眉毛一把抓，而且，她们天生地总是那样的小心、细心、仔细，是不会像男人那样粗心大意，所以不会把不同的东西混为一谈——胡子眉毛一把抓的。

总而言之。一句话，我们只是说，对语言，你把它当作千百万人的习惯、一种约定俗成的玩艺儿，不可类推的东西，不能胡子眉毛一把抓，要具体现象具体分析。这样才能少出洋相。

# 幸福、幸福感和幸福观

## 一、幸福是幸福感的产物，有了幸福感才能有幸福

“幸福”这个词是最幸福的，正如“痛苦”这个词是最痛苦的一样。“幸福着你的幸福”！多么的叫人向往呀！追求幸福是人类的天性。为了幸福人们愿意付出最沉重的代价。古往今来，在追求幸福的大旗下，人们干出了惊天动地的伟大事业，唱出了美丽动人的歌，画出了神奇瑰丽的图画。可也是在这一面“追求幸福”的大旗之下，人们干出了许许多多的蠢事傻事荒谬的事恐怖的残酷的事莫名其妙的不可言说的事。幸福呀幸福，人世间多少的好事由你而成功，也有那么多、那么多的坏事正是由你所促成所导演，你导演了正剧、悲剧、喜剧、闹剧、丑剧、荒诞剧和各种各样的人生的大小杂耍。

事情是那么的奇怪。越是常见的，你就越是一个说不清楚说不明白。人人追求着幸福，本当是人人知道懂得幸福。可是“幸福”到底是什么？却又叫人困惑。《辞海》说：“心情舒畅的境遇和生活。”《现代汉语词典》说：“使人心情舒畅的境遇和生活。”这么

说来,这幸福是一个客观的存在物,它能够给人——你我他以“心情舒畅”。那么什么东西能够给人们以心情舒畅呢?

这在中国古人那里,被归纳为五福--福、禄、寿、喜、财。在现代人这里,是金钱、地位(权利)、爱情、名誉等等。然而,在金钱、地位、爱情、名誉方面,基本上一样的时候,有的人说他幸福,有的人说他不幸福。

生活中有两种人,一种人他永远是那么的心情舒畅,即使他境遇和生活在别一个人看来真是太那个了。另一种人他永远的说他不幸福,一味地叫苦,虽然在别人看来他是够幸福的了,其实他的境遇和生活的的确确是很不错的。这样看来,这个幸福恐怕并不是一个客观的物质世界的事情,而是一个我们的主观世界的自我感受问题。对呀,事情就全在一个“心情”上面,这心情当然是我们的主观的东西。同样的客观存在物,对于不同的人的“心情”将会引起不同的感受,或是舒畅的,或是烦恼的,或是忧伤的。即使是完全相同的客观物,对于不同的个人来说,在不同的时间,不同的空间,不同的场景,在他的心情却是完全不一样的时候,所引起的感受也就是大不一样的呢!

所以我说,这个幸福并不是客观的存在物,而的的确确是我们主观的那种幸福感。从我们的语言学上来说,这个“幸福感”是从“幸福”这个词派生出来的。是先有“幸福”一词而后才有“幸福感”这个词的。但是从我们人的心理过程来说,在我看来,的的确确是先有了幸福感,然后才能够说得上“幸福”。这个幸福感是具体的个别的,也是偶然的一闪而过的不能多次重复的。一个人的一生不能够两次进入同一条小河小溪,也同样的不能够两次同样地感受到完全相同的心情。在这个世界上,没有两个人的幸福感是一模一样的,同一个人在不同的时间、空间、场景中,其实也并没有完全相同的幸福感。如果你对于某种幸福感恋恋不舍,一心一意想再重复一次,到头来往往是以失望而告终的。

在一个获得了强烈的幸福感的时候，往往感到这个时刻顶得上平凡的日子里的一天一个月一年十年，他会产生一个愿望，情愿用平凡日子里的一年十年来换这一个片刻的感受。甚至于有些人更加是走了极端，他为了这片刻的幸福感愿意受苦一辈子，或者立刻就去死。当人们获得了这样一种幸福感并且沉浸在这样的一种感受之中的时候，他希望的渴望的事情就是让时空凝固凝结凝聚，而且是永远地。日本清河大学教授，女诗人加藤阿幸在她的《虎丘游》的诗中写道：

两天/四十八小时/几个世纪的激情/聚凝/
在十二个雨花石/散发出缕缕幽思/
蕴涵了清曼/缭绕在亭阁雕栏

你读到这里，就体会到诗人此时此刻间是找到她的幸福感，而且她正沉浸在这样的一种幸福感之中。而这样一种幸福感对于她来说，也并不是时时刻刻都可以获得并且占有的。所以她才那么的珍惜。在捷克作家米兰·昆德拉的小说中，许多的人物苦苦地追求着这样一种感觉——幸福的感觉，幸福感，他无数次的行动、占有，然而往往一无所获，如果他在他的一生中偶然的获得了，他便是那样的宝贵。有一位年轻的朋友说，他渴望能有这样一种感觉。他认为，能有这样的感觉才是真正的生活。

你看，人们对于幸福感是何等的珍惜重视与宝贵呀。

## 二、幸福感是幸福感的产物，幸福观对了头，才会有幸福感

这幸福感到底是一个什么样子呢？

有人，在赌场上捞了一把，这时感受到了幸福。有人，升了

个大大的官，或者获得一个荣誉，一个头衔，他幸福了幸福极了。有人，在KISS中或得了幸福感，不爱江山爱美人——这个“美人”是古代汉语的用法，可以指男人，也可以指女人。有人，在他人的痛苦中，获得了自己的幸福感。有人，在议论是非飞短流长之中，靠着自己的舌头和或大或小的嘴巴来给自己制造幸福感。有人，为了他人，为了国家、民族，为了地球，为了人类，为了未来，为了一种理想，而死，献出了一切，死了一无所有了，什么也没有得到，可他和他们，却的的确确地深深地感受到了幸福，带着幸福的感受离开了这个世界。

很显然，不同的人，获得幸福感的时间、地点、方式、手段，是各不相同的。因此，他们具体的幸福感受的内容和程度也是各不相同的。恐怕不会有两个人有完全相同的幸福感受的吧。既然幸福的感受只是一个个人的内心世界的问题，那么别一个人就是很难说得清楚的。在这里我们不去讨论不同的个人的具体的幸福感受到底是什么，只是要想想问问：那么这个幸福感是从哪里来的呢？

在我看来，这个幸福感是幸福观的产物。没有了幸福观就不会有什么幸福感。有什么样的幸福观就有什么样的幸福感。那些个整天从早到晚在任何事情上对任何人都那么的烦恼烦躁牢骚满腹，仿佛全世界的个个都同他作对，仿佛全世界的不幸和苦难都集中到他一个人的头上去了，仿佛上帝这个怪老头儿特别的不喜欢他千方百计的对付和要弄他似的。这种人活得特累特苦，他的生活就是受罪。真个的是苦不堪言。这种人一心一意地追求着幸福，可是幸福却远远地躲避开了他，远远地永远地离开了他，同他无缘。他埋怨一切人，从领导到部下，从同事邻居朋友到陌生人，从父母到子女，也包括了配偶在内，甚至还把上帝这个远在天堂里的老头子也拉扯了进来。是呀，一年三百六十五天，他没有一天一个小时一分钟的快活，他真的是个倒霉，天气，房屋，公共汽车，马路边的花草树木，树上的小鸟，天上的白云，地上的小狗小猫小鸡小鸭……这世界上的一切都要欺侮他，真没办法可想。

这种人是咋一回事呢？是在什么地方出现了差错了呢？

在我看来，他们的麻烦就出在他们的幸福观上面，他们的幸福观有问题，大有问题！

在这个多元化的世界上，在这个高度信息化高节奏的现代社会中，本来就没有一个统一的幸福观。不同的国家，不同的民族，不同的地区，不同的阶级和阶层，不同的年龄和职业和性别，不同的文化教养，不同的……的人，都有他们自己的独特的不同于他人的幸福观。在这里，首先有不同的东方和西方的区别。当然东方有那么多的人，也是各不相同的。而西方也同样有那么多的人，他们也是各不相同的。但是一般说来，东方人追求的是人际的和睦和谐和人际的互惠。认为一个能够在自己从属的集体之中找到自己的位置的时候，才有安全和幸福可言。而西方人则把重点放置在我自己个人之上。所谓幸福是我的成功，我的占有，我是世界宇宙的中心，一切都应当围绕着我来运转。如果我没有得到我所要求的东西，那就是一个不幸福。如果我得到了，拥有了，那么我便是一个幸福的人。

当然就是在咱的中国，人也是三六九等的，三教九流，七百二十行，男女老少，士农兵工商，从帝王将相才子佳人到大款大腕，每一种人都有自己的幸福观。春秋时代的杨朱说：拔一毛而利天下，不为也。三国时代的曹操说：宁可我负人，不可人负我。宋朝的范仲淹说：先天下之忧而忧，后天下之乐而乐。清朝的郑板桥说：吃亏是福。孔夫子说：朝闻道，夕死足矣。贫穷贫苦的颜回，住在陋巷之中，是那么的怡然自乐，他是找到了他的幸福感的了。当然颜夫子的幸福感和幸福观，现在恐怕是不会有什么市场的了。在我们这个世界上,既然有各种各样的人当然也就会有各种各样的幸福观。而幸福观不同,对于幸福的理解就不同,当然也就有了全然不同的对于幸福的感受。五花八门的幸福观很值得你去写一本大书。我们在这里当然不必一一地去评论它。只是说,幸福观有了毛病的人是很难找到幸福的。只是说:你,您,想幸福么?那么,反思一下你的,您的幸福观吧。



### 三、认识你自己!这是幸福的开始

在这个世界上,没有一个人不渴望着幸福,不渴求获得幸福感。然而,大多数人,绝大多数人,在大多数绝大多数情况下,都是那么的失望。这幸福,这幸福感,好像永远只是水中的小月亮,云雾之中的虚无缥缈的花朵,可望而不可求不可得。而且,别说这幸福和幸福感了,这不敢想,要求太高,就连不太幸福也不太痛苦似乎也难以获得的。于是,最流行的说法便是一个:"活得真累!"这话在目前出现的频率之高是惊人的。在口头上,在朋友的书信中,到这个份上那里还谈得上什么幸福呢?

现在一想,在我看来,这个幸福的获得是应该从认识自己开始的。古代希腊人真正是聪明,他们教导我们说:"要认识你自己!"真是高明极了。现在人们大声高呼"理解万岁!"就是因为我们人人个个感到没有被他人所理解,而且又为这一个不被理解而深感痛苦。人人都为不被他人所理解而感到委屈,可是我们为什么不想一想:我理解他人么?我理解我自己么?如果我们根本不理解他人,那么有什么理由去要求他人理解我们呢?如果我们自己也不理解我们自己,那么又有什么理由要求别人来理解我们呢?在中国古代,庄周先生同惠施先生在豪上对理解问题曾经进行过一场辩论。那未免太玄了一些,我们不谈它。理解别人同理解自己是两个不同的问题,两者当然不能划上等号,但却是有联系的。在我看来,好像理解自己是理解别人的一个必要的前提。如果你连自己也不理解,那里还谈得上理解别人呢?说到理解自己这好像是最最容易的事情了。其实不然,这也是世界上最最难办的一件事儿。在这个世界上又有几个人敢说他真正地了解了他自己了呢?

什么是理解自己呢?在我看来,人不是一个孤立的存在物,他是国家民族时代人类地球宇宙的儿子,一个小小的分子。理解自己就是在这个大的系统之中找到摆正自己的位置。中国有十二亿人,全世界有五十多亿人,古往今来,有那许多的人——

我不过是其中的一个小小的一分子罢了。在这人山人海之中,我不是最最聪明一个,但也不是最最愚蠢的一个。

我不是最漂亮一个,但也并不是最丑陋的一个。

我是那么的平凡,上帝他老人家既不特别地喜欢我,可也并不特别地讨厌我。

我有我的优点长处也有我的不足短处缺点。

我的一生,就不断地发现我自己的优点长处,发现自己的缺点短处不足并且不断地发扬发挥自己的优点优势长处克服回避自己的短处缺点不足的一个过程。我既不需要用我自己的优点长处去同别人的缺点短处不足相比较而骄傲于人,也不自贱,因为我就是我,我就是黑格尔老人所说的“这一个”,独一无二的一个,不重复的一个,我为我是这独特的这一个而自豪而高兴,我不需要模仿重复别的一个什么人。我理解了我自己,我明确了我的目标——

前方的路,我走在我自己的大路或小路上,迎着阳光鲜花彩虹朝霞白云春风,唱着属于我自己的歌曲。

昂首,挺胸,向前走,这个时候,幸福不属于我,还属于谁个?

只要我自己理解了我自己，还怕别个人不理解我干什么呢? 他人误解了我，这没有什么的，我就是我! 古人说得好，日久见人心，真金不怕火来炼! 别人恭维我，超过了我实际的存在，我面红耳赤，问心有愧。当努力不辜负了他人的希望。有时也可想一想，他干吗这样恭维我，是不是有点儿别的什么? 他人攻击我，污蔑我，不妨想一想，我真的是这么的坏么? 如果我并没有，并不是像他说的那么的坏，那么他的话是不能伤害我的，事实胜于雄辩，一切污蔑、攻击都不能把我变丑的。也可以想一想，他为什么要如此地污蔑和攻击我呢? 是我的言行的失误，还是他的嫉妒心理在作怪呢? 能攻心则反侧自消。别人对我好，我当报答，我当使自己更好。别人对我不好，我当想它一想，我对这人好么? 如果我对人家并不好，那我怎能期待他对我好呢? 因此，我不气愤于他人对我的不那么友好。而把一切放置在我自己的努力之上。要使我自己更加美好，更加有用。这不就得了嘛!

人活着为了个啥?这先得问:人本来是个啥?从哪里来?到哪里去?

人呀，本来是茫茫宇宙之中很偶然地出现了的一个物种。在这宇宙亿万年的进化的过程中，最后终于出现了一个叫做“人”的东西。

这个叫做“人”的东西最可宝贵的是他有一个大脑。这个大脑可是这个宇宙的亿万年的进化过程之中最最大的一个收获，一个奇迹!

我能有一个脑，这真是多么的幸运幸福呀! 因此，我要用我的大脑，让我的大脑活着，而且要活得有意义。我要在我的有生之年，把我的大脑的能量充分地发挥出来，一点儿也不让它浪费掉，否则太可惜了。

如果我们都把大自然所赋予我们的能量都发挥出来了，那么我们的一生岂不就是幸福的了么？这幸福感岂不就时时事事处处都紧紧地跟随着我们了么？换用流行歌曲中的话来说。就是在“幸福着我们的幸福”了。

开始的时候，我的学生在作业上，赞美这个“幸福着你的幸福”，我还说，不好，这话从语法修辞上看都不好，现在我却喜欢起来了，这是因为“幸福着你的幸福”强调了这个幸福必须由你的心去感受，强调了在幸福观的统帅之下，用幸福感去感受幸福。这是很有道理的。

# 枷锁

## 一

卢梭说："人是生而自由的，但却无处不在枷锁之中，自以为是其他一切人的主人的人，反而比其他一切人更是奴隶。"（李瑜青主编《卢梭哲理美文集》，安徽文艺出版社1997年）

"人是生而自由的"！一个美好的口号，一面美好的旗帜，它指引社会的进步。然而，却经不住推敲：自由需要条件，刚刚出生的婴儿，何自由之有？

"无处不在枷锁之中"——说得好。现代社会里，到处都是奴隶——

房奴、卡奴、车奴、税奴、油奴、汽奴、电奴、书奴、学奴、教奴、医奴、药奴、权奴、物奴、工作努、减肥奴、瘦身奴、托福奴、绿卡奴、美丽奴、职称奴、学位奴、结婚奴、小资奴、GDP奴、领导业绩奴……

打工仔哪里有资格同老板来讲什么自由？

## 二

“自以为是其他一切人的主人的人，反而比其他一切人更是奴隶。”——对极了！读二十五史，就知道，许多皇帝还不如平面百姓自由呢！有的皇帝发誓再也不要出生在帝王之家。

在南京的北京西路路口，某同事对我说起某人，说：“有什么好的？家门口站着士兵！一点不自由！”我开玩笑说：“酸葡萄！这么大的官，你真的不想当？”

亿万富翁自由吗？不，一时一刻也离不开保镖。表面上看，土皇帝，南霸天，地头蛇，非常自由，绝对自由，其实呢，错了，非也，它生活在他自以为得意的枷锁之中！

## 三

卢梭说：“当人民被迫服从而服从的时，他们做得对；但是，一旦人民可以打破自己身上的桎梏而打破它时，他们做得更对。”

但是，奴隶主总是认为，奴隶就奴隶，只能永远绝对服从！它赏赐给奴隶的枷锁，奴隶们必须永远怀着感激之情，珍惜着，心甘情愿地接受他们的枷锁的奴役。

努力挣脱枷锁，积极争取自由，这是值得钦佩的。然而，有时这只是幻想。

陶渊明讨人喜欢，原因就在于他对自由的追求，摆脱枷锁的决心与行动。

# 会与不会
## ——说如何学语文

### 一 我不会唱歌

我1963年在南京大学中文系毕业后，就留校做助教。同屋的湖南人胡若定，非常喜欢唱歌，经常唱歌。他很奇怪，我居然从不唱歌。我说，我没唱歌的天赋：喉咙不行。他不相信，坚决要我唱一个歌给他听听，看我到底喉咙行不行。我被逼迫得没有退路之后，就唱了几句。他说："你的喉咙很好呀！"

原来是这么一回事情，我小的时候，生活在农村。有一个夏天的晚上，在广场上，孩子们做游戏。我输了，得唱歌，我就唱了一支歌。这时候，我听到一个长辈的笑声。我以为，他是在嘲笑我、挖苦我，因为我刚才唱得太差太不像话了。我感到非常惭愧，无比的丢人。我以为我没有唱歌的才能，是一个天生的音乐低能儿，一点音乐细胞也没有。从此，我就再也不唱歌，特别是决不在他人面前唱歌。在南京第十中学读初中的时候，音乐常常要补考。不开口唱歌，哪来的分数呢！每次音乐考试，总是拖到最后，才无可奈何地只给老师一个人，而且声音很低很低地唱几句。最后加上音乐理论知识,才勉强地过了关。

听到老胡的分析,我才明白:我是自己误了自己,白白浪费了自己的音乐才能。

其实,那位长辈对我是非常好的人,从小就认为我是很有前途的孩子,我是整个村子上最受他喜爱的一个孩子,也是得到他的最大关怀的一个人,他对我的关心爱护真是我这一生中从别人处所没有得到过的。我后来才想到,那个夏天的晚上,那位长辈的笑声,也许根本就不是对着我的,也许并没有嘲笑挖苦的意味。因为,他从来都没有嘲笑过我,在还是孩子的时候,他对我都是比较客气和友好的,对我从来就没有说过一句不好听的话。虽然他是一个很威严的人,村子里几乎人人怕他,男女老少,连所有当干部的也都怕他,他也的确会"骂"人,别人都怕他"骂"。然而他从来就没有责骂过我。

## 二　作文的失误

我这个人,正如俄国大诗人普希金所说:活得匆忙,来不及思索。我几乎从不回忆儿时的事情,早就忘记了。现在我不能胡编滥造说我小时候如何如何地学习语文的。

实话实说,现在唯一还记得的是,我在扬州苏北育才小学读书的时候,有一次写作文,说夜里睡眠时被子掉了,老师帮助我盖被子,那时我们是住宿在学校里的。由于粗心大意,写好后没有再看一遍,丢了字,不通了。老师在课堂上念了出来,指出了逻辑不通。我当时很脸红。

但是,我相信自己,我是会写文章的,一时疏忽丢掉了一两个字,虽然不好,但是不能因此否定我写文章的能力。粗心大意的毛病是可以克服的,改掉就是了,下次细心一点就行了。而且我以为,写得快是好事,不是坏事。因此,我并没有因为老师的批评,就怀疑自己的语文能力,尽管这次老师的语气的确有挖苦嘲讽的味儿,但我并没有对自己失去信心,没有丧失继续写作的勇气,也不怀疑写得快是好事。从小学到中学到大学,我都喜欢写,都坚持写得快。

长大成人后,我也做了老师,我常常想,那次老师的当众嘲笑和挖苦,的确是不太好的。假如我就像唱歌一样,那很可能因此就害怕语文、讨厌语文,因此认为自己没有语文的细胞,不再在语文方面下功夫。如果那样,可就真糟了,也许我就不可能写出这些文章和著作来了。

## 三　怎样学习语文

如何学习语文?

我想就是一点:喜欢它,热爱它,相信自己有学习语文的能力,不怕别人的嘲笑——假如有人嘲笑挖苦你,有意地,或者无意地——坚持多读,多写。只要你多读多写,那么你就能写得好,就能成功。而且是不知不觉地就成功了。如果不相信自己,认为自己天生就没有语文的细胞,不想写,不敢写,不想读,害怕阅读,那就学不好语文。

从我不会唱歌中,我体会到,作为老师绝不可以嘲笑学习后进的学生,作为家长绝不可以嘲笑学习成绩差的孩子,而作为学生,作为小孩子,要不怕别人嘲笑——别人嘲笑的不一定都是错的。从小要相信自己,我是我的主人,我要把握住我的前进方向。要相信,如果现在没有做好,以后是一定能够做好的。

# 第三辑　话语品深层

# 家长式、家长作风和话语霸权



## 一

中国人,从没有当过官的人,常常开玩笑说:“我也是长,家长!”其实呢,家长不是长!然而,中国式的家,家长制下的家长,也的确是一种“长”。这种“长”的权利还是挺大的呢。阅读过曹雪芹的《红楼梦》和巴金的《家》的读者,对此都会有深切的感受:“家长也是长,而且是一种非常重要、非常厉害的一种长。”

人们喜欢说:“爱厂如家”、“爱校如家”……那么,这工厂和学校也就是家,这厂长和校长也就是家长了。

中国古人说:“国有大臣,家有家长。”显然,国就是家,皇帝就是家长。

中国古人说:“修身、齐家、治国、平天下”,那么,个人、家庭、国家、世界、宇宙,本是一回事情,是互通的。

“家长制”、“家长式”、“家长作风”,显然是国货,中国特色。这些词语如果在欧美社会里,可能并不会有如在中国所具有的含义的，我这样想。

就是在今天中国的现实生活中，家庭和家长也是各种各样的，并不是所有的家长都是暴君式的，有许多家长是非常民主、非常平等的。但是，“家长式”和“家长作风”从不指民主的、平等的家长，从不指鲁迅式的“俯首甘为孺子牛”式的家长。

## 二

现代汉语中有：“家长制”、“家长式”、“家长作风”。《现代汉语词典》上对“家长制度”的解释是：

> 奴隶社会中和封建社会的家庭组织制度，产生于原始公社末期。作为家长的男子掌握经济大权，在家庭中居支配地位，其他成员都要绝对服从他。

今天的中国早就不是奴隶社会或者封建社会了，然而，“家长制”、“家长式”、“家长作风”这些词语却依然存在，而且也常常被使用。这告诉我们：社会发展是很快的，然而语言，它的词汇却常常是落后于社会的发展的。社会现象消灭了，指称那种社会现象的词语却可以依然存在，继续被人们使用。

当然这些词语所指的意思可能会改变，不一定还是词典上的那层意思。其实，一种社会制度消灭了，产生于这种社会制度的东西并不一定就消灭。产生于奴隶社会和封建社会的家长制度是消灭了，但是由它而产生的家长作风却不一定消灭。其实是客观存在着的，这就是“家长制”、“家长式”、“家长作风”依然被使用的原因。

## 三

其实，在语言生活中，“家长制”、“家长式”、“家长作风”，这些词语的使用范围都不是家庭。往往说的是一个单位：一个机关、一家工厂、一所学校、一个企业，或者一个车间，一个系、一个所、一个处、一个科。说的其实不是一家之长，而是这些单位的头头，官，当权派。他们把一个单位当作他的私有财产，以一家之主自居，行使奴隶社会和封建社会中的家长的权威。在今天的中国，最家长的人，大概是那个早已经被判刑的禹作敏了吧？

自以为是家长，运用管理家庭的方法来管理单位，不好，不行。禹作敏的下场就是一个好例子。

同样，运用管理一个单位的方法来管理一个家庭，恐怕也不好，也行不通的。

## 四

“家长式”，“家长作风”，意味着一言堂，用现在西方人的术语来说，这就是“话语霸权”。

实行家庭内部的家长话语霸权的家庭，只准家长说话，家长的话语具有绝对权威，必须无条件地服从和执行，绝对不允许一点儿的反对意见。家庭的其他成员，没有发言权，于是沉默，最终成了“失语症”病人。在这样的家庭中，家庭成员是不平等的，家庭成员之间没有必要的沟通，断裂、矛盾在逐步地扩大。往往是在表面的平静和一致之中，蕴藏着某种非常可怕的东西。有一天爆发出来，就不可收拾了。而且更可怕的是，在这种家长制的家庭中，其他成员的人格是不健全的，受到的人格伤害是很严重的。在这种家庭中，其他成员可能被迫言不由衷，甚至说假话。就是家长本人，也决无健全的人格，他也无法享受健康的合理的人生的趣味。他听不到他人的真心话，他不能真正感受他人的感情。他的所谓家长的权威，其实是虚假的、不可靠的，一文也不值。许多家庭的不幸正是从这种家长式和家长作风开始的。

在单位里，实行家长制，运用家长式来统治一个单位，把家长作风当作法宝的人，自以为很聪明，其实很是愚蠢。因为，表面上看，这样领导和管理，最简单，最方便，最有效，但是，从长远来看，也最可怕。

在国际上，近年来，海外媒体对皮切克、苏哈托、齐奥赛斯库的下场，大发议论和感慨。这些人当初大权在握，是何等的了不得呀，顺之者存，逆之者亡，谁敢说一个“不”字！因为在这种家长式的掌权者的周围，只有小人、庸人、吹牛拍马之人，他们顺从的不是这个掌权者的人，而是他的权力。

在今天的中国，其实许多家庭的家长是很民主的，他们是与家长式和家长作风无缘的。这些非传统的家长制度中的具有家长作风的家长，运用民主的方法处理家庭内部事务，平等地对待家庭其他成员，允许其他成员自由地表达自己的意见，包括反对自己的看法，当自己的主张被其他成员推翻了的时候，也认为是很正常的，因此就不采取打击报复的方法。

## 五

好的家长，不应当是家长制的家长，因为家长制是早已经消灭了的奴隶社会和封建社会的东西，是不适合于今天中国的家庭的。

好的家长，不应当运用家长式方法来处理家庭事务。好的家长，不应当有家长作风。

那么，作为某一个单位的头头，就更加不应当、不可以“家长制”、“家长式”、“家长作风”了。

然而，可怕的是，不应当与事实上却常常是两个完全不同的东西，往往相差十万八千里！所以，这些非常简单的道理有时候还得说，多提个醒，是有好处的。

# 糊涂话
## ——家教随笔

一

“这么不听话,我打你!我打死你!”

这往往不仅仅是语言,也是一种行动:真的打,往死里打。做父母的有权利打自己的孩子么?他或她是一个独立的人,是国家的公民。打死人是要承担法律责任的,父母打死自己的孩子当然也要承担法律责任的。

除了“打”这一伟大的法宝,难道就没有更好的方法了么?如果你没有,是你的无能,你的悲哀,只能说明你没有资格当父母。说一句笑话,现在,你比他或她强大,你能够打他或她。有一天,你老了,他或她强大了,怎么办?

我从晚报上读到一些报道,真的有子女打父母的。我讨厌、愤恨这样的子女,可也常常想:这些父母也有责任。这是他们教育出来的,在他们孩子小的时候,他是怎样教育他的孩子的呢?也许那时候,他们常常打自己的孩子了吧?

十多年前,在北京西路,看到一个年轻人在打他的父亲,打得口中流血。而那位父亲还是一位离休的老军人,老革命,高干。父亲说儿子不走正路,把流氓带回家鬼混,做父亲的责问公安局为什么不来把他的儿子抓去坐牢。他本人离休前正是在公安系统工作的呢！年轻人说人家是正经的女孩子,他的父亲污蔑人。

当时,我非常愤怒,就对围观者大声说:

“打这个东西！打这个居然打自己父亲的东西！即使他父亲有不当之处,他也无权打他！”

我的话激起了大家的义愤,把那个年轻人吓跑了。

事后,我一直在想:这个老军人,是一个不会教育子女的人,是一个不合格的父亲,才会落到如此的下场的。在对他的同情中,我又深深地谴责他。

在我看来,这样的话语,用打来恐吓孩子的话语,是做父母的绝对不应当说的糊涂话,当然就更别说真的动手来打了。

## 二

“这么不听话,滚！滚出去！永远滚出这个家！”

这话对么？合理合法么？不对！不合理！不合法！家是父母的,不是孩子的么?！家是父母与孩子所共同的！父母不能把孩子赶出家门,在孩子小的时候。孩子也不能把父母赶出家门,在父母年老的时候。

这常常是气话,也是一句不负责任的愚蠢的话。

这样的后果往往是不堪设想的。

常常有这样的孩子,回答说:“是你叫我滚的,好,我现在就滚,再也不回这个家了！”

有的孩子是说说的,可也有真的行动的。就这样离开家的孩子还少吗？许多父母在孩子真的离开家之后,又后悔极了,痛苦极了,然而是再也挽不回了。

有一次，在一位离休的老革命的家中，老人对我说起她的女婿在说服不了自己的儿子之后，大声叫儿子滚，那儿子真的离开了自己的家，流落在街头，老人领了回家。她对我说：

“这是对子女的不负责任，也是增加了社会的负担，造成了社会的不安定。”

我以为，这种话不但是不应当说，甚至也是不应当想。

## 三

“你吃我的饭，就得听我的！”

“我给你饭吃，给你衣穿，你就得听话！”

父母给子女饭吃、衣穿，这是父母应当、必须尽的义务，子女有权享受父母这方面的支持。这是不需要多说的，是不应作为支配子女的一个条件与手段来看待的。古代的君子，给他人以恩惠，是不应当放在口中说的。我们对他人的恩惠尚且不应当放在嘴巴上说，为什么对自己的子女——亲生的骨肉反而如此斤斤计较呢？

说一句小人的话，今天你对子女斤斤计较，计算伙食账，那么将来你老了，你的子女同你斤斤计较、大算伙食账，那能怪谁呢？都是你教的，都是跟你学的！

我每次听到这类话语，都非常悲哀。难道父母与子女之间，只是金钱关系么？父母与子女之间，双方都不是对方的“债主”！

把吃饭、穿衣同听话联系起来，这也是很不妥当的，不合乎逻辑的！难道，你给孩子饭吃、衣穿，他们就是必须拿他们自己的独立人格来交换么？就必须听你的话，就成了你的私有财产了么？就是你的奴隶了？

这个时候，我也常常感到非常的害怕和恐怖——

因为如果有一天，别人给你的孩子饭吃、衣穿，那么你的孩子岂不就应当听他的话了么？如果给你的孩子饭吃、衣穿的人要求你的孩子来反对你，你的孩子岂不就应当听从给他饭吃、衣穿的人的话来反对你了么？如果黑社会老大给你的孩子饭吃、衣穿，那你就支持你的孩子去给黑社会老大卖命么？如果有那样的时候，明明我们民族的敌人，但是他给你的孩子饭吃、衣穿，那么你的孩子是不是也就可以、甚至是应当听从这民族的敌人的话来做卖国的事情，当卖国贼吗？

父母总是不停地同自己的孩子算伙食账，这样的父子（女）、母子（女）关系正常么？这样的关系中，父子（女）、母子（女）的感情会是什么样的感情呢？我真的不敢想象。如果父母总是以债主自居，时时在用债务威吓子女，刻刻都在提醒子女早日还债，有意或者无意的，这种家庭生活如何是好呢？

## 四

"我没有你这个儿子（女儿），我不要你这个儿子（女儿）了！从现在起，我跟你脱离父子（女）/母子（女）关系！"

子女的回答可能是：

"求你了，饶了我这一回吧，千万别这样做，我怕，我认输了，服了你了，我听你的不就是了么！"

或者是：

"好！行！你不要用这个来吓唬我，我不怕。只是你可要记住：这是你说的，不是我说的，你不要反悔呀！"

或者是：

"你说脱离就脱离，有这么容易的吗？你说了也没有用的！ 父子（女）/子（女）关系是不可以解除的！你的话是没有任何法律效果的。"

我们对"文革"时候的"无限上纲"，是非常反感的。但是，我发现，在家庭生活中，在子女教育中，却经常是明明一点儿小事情，就是不能“就事论事”，往往喜欢、偏爱无限上纲。

我在指导研究生写作学术论文的时候，总是要求他们重视理论原则与方法论原则，不可以只是“就事论事”，那一来就没有学术水平、学术价值了。但是在家庭子女教育中，我以为最好还是“就事论事”，不要“无限上纲”，一点儿小事，鸡毛或者蒜皮，芝麻或者绿豆，就宣布解除不可解除的血亲关系，这可不好的。

# 爸爸的话

人老，更容易想自己的父母，在他们离开我们之后。

近来几乎天天想到爸爸，想爸爸对我说过的许多话。

爸爸的话分为两种，第一种是很认真很严肃地说的，例如，必须学习《在延安文艺座谈会上的讲话》，一定要认真地改造自己的思想，等。第二种，是随意地，轻松地，漫谈式的。往往是只言片语。

现在挑选一些出来，节录如下。

## 一

不要把什么事情，都看得那么简单。世界上没有简单的东西，没有一件事情是容易的。

千万不要把事情复杂化。简单的事情，不能复杂化、复杂的事情，也要从简单方面去把握它。

## 二

矛盾到处都是。但是,你不能看到矛盾,就去解决。

有许多矛盾,要丢开,不要去解决。许多矛盾要放在那里,留着以后再说。

掩盖一些矛盾,不是调和论。暂时掩盖矛盾,故意不去解决一些矛盾,是必要的。

## 三

每个人都有他自己的长处。什么长处也没有的人,如何活着?

人家的不足、不是,让人家自己去解决,不要代替他人解决他的问题。

眼睛盯住人家的短处,做什么?自找麻烦!

## 四

别人做事情,总有他的道理。一点道理也没有,他为什么要这样做?

不要拿你的是非去看人,去强求他人。

不要老是指责他人。先要想想,你有什么资格指责人家?

明知说了效果不好的话,就不要说。

## 五

我们只是许多人中间的一个,一个普通的人。

不需要处处胜过他人。做好我们应当做的事情, 就可以了。

人家胜过我们,不需要眼红。世界上胜过我们的人,是非常非常多的。

人不可以自甘落后。但是也不应当处处争第一。

## 六

不要贪图一时痛快。

一时间是痛快了,但是以后,就是大大的不痛快!

贪图一时痛快,付出的代价是巨大的。

# 从“夫人”到“夫妻老婆店”

## 一 打倒“夫人”

南京的《扬子晚报》1998年3月14日上有一个文摘，题目叫做:《沿用千年未觉不妥 “夫人”之称突起争议》。报道说，今年三八节，安徽合肥有一位女硕士生提出了一个崭新的主张:“夫人”一词男权思想太重,应该从汉语中抹去！因为“夫人”就是“男人的人”或者“丈夫的人”的意思！

这种意见,我以为是有些儿滑稽的。首先,对于一个词语,我们应当从整体上来把握，不可以简单化地把一个词语的意思混同于其中个别语素的意思。“良心”就是良好的心,那么怎么又说“坏良心”的呢?！既然“良心”并不简单地等同于“良好的心”,“夫人”也绝不可以简单化地等同于“男人的人”的！“荷兰”这个国家,同荷花和兰花有什么关系呢?既然没有关系,这个名称就会误导,那就应当改换过来！第二,这是把历时和共时混为一谈了,把一个词语的原始意思,语源意思当作现在的公认的意思了,这其实是很不科学的。

记得上世纪50年代,《中国语文》上发表过一位女读者的信,攻击一二十个“女”旁汉字,认为是对妇女的污染,应当从汉字中取消,当然,后来并没有取消。我们现在还用,连女权主义者也运用的。

欧美的女权主义者,也曾经大肆攻击英语中带有男权主义色彩、歧视女性的词语,态度当然是非常之激烈的。

从历史看,这些汉字,这些汉语的词语,这些英语中的词语,在产生的时候,从创造者的意识来说,当然是自觉或不自觉地在维护男权而歧视妇女的,这一点是毫无疑问的。现在的问题是,有没有必要,是否有可能一一地改正过来。对于这个问题,是应当具体问题具体分析的。绝不可以一概而论,一刀切,不是个办法。

这里面的大多数词语,是不必也不需要更改的,因为,在现代,它们只是一个符号,它们的原始含义,大多数人都忘记了,少数人虽然知道,也明白那是从前的观念,历史上的事情,并不当这个词语的现在的流行的意义来运用的。因此是没有必要来更改的。

## 二 夫妻老婆店

在同一天的《扬子晚报》上,我读到了“沪上又兴夫妻老婆店”的报道,这使我想起“报纸杂志”来了。

从上世纪60年代开始,就有人站出来攻击“报刊杂志”了。而主张用“报纸杂志”。“报纸杂志”者,“报纸”加上“杂志”,而“报刊”者本来就是“报纸+杂志”了,如果再加“杂志”,就成了:(报纸+杂志)+杂志?! 荒唐,胡闹鬼!

对于这样的指责,我曾经很是佩服语言学家和逻辑学家:到底是专门家,脑袋就是特别,一般的人就是不行,得甘拜下风也。

后来我改变了看法，不再佩服语言学家和逻辑学家，反而有点儿瞧他们不起了呢！这是从“夫妻老婆店”开始的。

反对“报纸杂志”的人，是不会反对“夫妻老婆店”的，我想。其实也是反对不了的。老百姓不睬你，你有啥子？这正如《咬文嚼字》1997年第7期上有作者反对“男士”一样，他反对“男士”一词，说是“男人的男人”，但是并不反对“女士”，其实呢，如果“男士”是“男人的男人”，那么“女士”就是 “女人的男人”了！也同样非常之不合理的呀！既然你反对“男士”，那么，“男女平等”，就也应当同样地反对“女士”才对头的呀。

这样的汉语规范化，我真正是要为之捏上一把汗的。

这样规范恐怕是行不通的吧？原因是不得人心，违背语言发展的内部规律。

# “女保姆”的学问

1993年11月在上海街头，看法院的布告栏，我见到了“女保姆”的说法，很是高兴。对同行的朋友说：好！当香港的报纸上报道说上海出现“男保姆”的时候，我对人说过，将来也会出现“女保姆”的。现在真个来了，不久报纸上也会有的。

1994年2月20日的《扬子晚报》上有一篇文摘稿，其中说：

> 从此，兄妹俩由一个对希特勒忠心耿耿的女保姆抚养成人，她的名字叫安娜·克劳泽。

本来，这是不合逻辑不规范的一种说法。因为：

保姆，受雇为人照管儿童或为人从事家务劳动的妇女。（见《现代汉语词典》）性别本已是“保姆”一词固有的语义成分了，因此通常情况下是不再接受性别的修饰的，这正如：

女丫头　女老婆　女妈妈

男光棍　男老公　男爸爸

都是不合常规的用法。

但是,在语言世界中,居然出现了:

男保姆　女光棍　女驸马

而且使人耳目一新!这种说法,从义素组合角度看,是义素的脱落,即"保姆、光棍、驸马"中表示性别的义素脱落了、消失了,或者被压抑了,这是语言演变中很常见的现象。如:

红墨水　坏良心　尼龙藤椅

兔羊毛　鼠牛奶　羽绒棉袄

这符合人们认识世界的过程,暂且称之为"移植法"。我听到一些人说"鹌鹑鸡蛋"的时候,深深感到这移植法其实是一种十分简便的认识方法。

这种说法从修辞学上来说,叫矛盾修饰,这是诗歌语言中所常用的,也是构成警句格言的重要手段。俄国形式主义文艺学家鲍里斯·托马舍夫斯基在《词义的变化(诗学语义学·转喻)》中说过:

> 为了加强对比的效果,有时要选择相反的修饰语或者与被修饰词相矛盾的修饰语,如"甜蜜的痛苦"、"有声的沉寂","昏暗的微光"等等就是如此。像这类矛盾(就它的直义而言)的借喻为逆喻。(《俄国形式主义文论选》,三联书店1989年)

"男保姆"出现之后,便打破了词汇系统的均衡状态。因为:保姆——男保姆,不对称。于是要求"女保姆"早日出场,形成新格局:

保姆　男保姆　女保姆

如果"女保姆"在词汇系统中生了根,那么,"保姆"便彻底中性化,性别的义素便脱落了。它的先例便是"墨水",于是有了:“红墨水、蓝墨水、蓝黑墨水……”

从时间的先后顺序来看,显然是指女性的保姆在前,但从构词上来说,“女保姆”却在“男保姆”之后,它是在“男保姆”出现之后的一种“反弹”形式,这可以叫做“反弹式”构词法。

反弹式构词法其实是很常见的,如::

第二汉语教学—第一汉语教学

第二课堂—第一课堂

同性恋—异性恋

外宾—内宾

从思维心理上说,这是人们的对称思维法则在起作用。从美学上看,这是对称美的胜利。

# “老板娘”不是老板的娘



## 一 在漂流木的谈话

在台北的最后一晚，我的朋友、空中大学沈谦教授和黎明出版公司的一位年轻的朋友请我们在“漂流木”晚餐。一进漂流木，就被充满原居民风格、风味的一切所陶醉了。

“这位是老板娘，老板的娘——你们看，老板的娘居然如此年轻！她是原居民。”黎明出版公司的先生说，显然他同老板娘是很熟悉的。

见到了原居民，这当然是更加叫人高兴的事情。不过女老板并没有穿着原居民的服装，加上她正在做生意，所以我们中没有人提出一同照相。

人的专业常常很是害人，这一次，这一个“老板娘，老板的娘”，就害得我一时间忘了享受美味佳肴了。

## 二 奇妙古怪的“的”

现代汉语中的这个小小的“的”字儿，真是奇妙——老板娘≠老板的娘！这是一个普遍性的问题：

A狐狸尾巴≠狐狸的尾巴

小孩子脾气≠小孩子的脾气

小姐脾气≠小姐的脾气

B师母≠老师的母亲

舅奶奶≠舅舅的奶奶

姑奶奶≠姑姑的奶奶

C老王师傅≠老王的师傅

小刘妹妹≠小刘的妹妹

这在语言学家那里，A和B中区别，就是词与词组的区别。词是能够独立运用的最小的单位，是不可随意分割的。词的意义不等于它的组成部分的简单地相加，而是一个有机的化合物。所以——

良心≠良好的心（有“黑良心、坏良心”呢！）

墨水≠黑色的水（有红墨水、绿墨水呢！）

海马≠大海里的马（最大海马也只有那么一点儿的大！）

娃娃鱼≠鱼（就是大鲵，两栖类动物。）

而C中的差异，则是词组的结构方式不同所造成的：无“的”的形式是所谓的同位结构，有“的”的形式是领属性的偏正结构。“教授的爸爸”，就可能是多义的——

(A)她有一个教授的爸爸，她很爱她的教授的爸爸。

(B)教授的爸爸却不是教授，是一个大字也不认识的大文盲！

(A)是同位结构，教授即爸爸，爸爸即教授，教授是她所爱的爸爸的社会身份。(B)中的“爸爸”是属于这位教授的。

## 三 老板娘≠女老板！

“老板娘”，常常会被人误会为“女老板”。这其实是错误的——

老板娘≠女老板！

试想那些还没有老公的女强人老板，如果你冒冒失失地称呼她为“老板娘”，会如何呢？

“老板娘”其实丈夫是老板——老公是老板。当然夫妻一体，妻子也可以算是半个老板了，但是在名分上，她并非真正的老板，虽然在事实上，她可以具有老板的某些权利和权力。特别是如果她的先生是“妻管炎（严）”的话，说土一些儿，假如她的“外子”是一个“怕老婆”的人（在中国这样的人并不少，许多笑话把他们当作嘲笑的对象！）的话，她的权利和权力，甚至是很大的呢！即使如此，她依然不是真正的“老板”！

这是一个女权主义者所讨厌的语言现象。这是男尊女卑社会观念在语言中的一种反映。许多词语，不加任何修饰说明的时候大都只指男性。如果想要指称女性则需要加以修饰或说明。这修饰或说明可以叫做一种“标志”，那么前者叫做“无标志单位”而后者则是“有标志单位”。例如：

无标志单位　有标志单位

老板　女老板

总统　女总统

教授　女教授

作为男性的老板、总统和教授，是不会有人称呼你“男老板”、“男总统”或“男教授”的。然而，“女老板”是我们经常听到的说法。“女总统”的说法报纸上也常常会出现。在学术会议上，可以有“女教授”的说法，但是，假如你冒出一个“男教授”来，“这位是男教授沈谦先生”，“刚才报告的是沈谦男教授”，那可就会让人笑掉大门牙的！

《新华日报》1999年7月18日上有一个大标题：《一个到海外创业的江苏女老板》。

如果这个老板是男人，题目就决不会写作《一个到海外创业的江苏男老板》的。这就是语言中的男女不对称，男女的不平等。这是女权主义者所深恶痛绝的，这是大男人主义霸权在语言世界的一个表现形态。

从"女老板"这一称呼中，我们就深深地体会到我们的世界是一个男性统治着的世界。语言反映了大男人主义，有无形地传播大男人主义，加强了大男人主义——在接受和使用这些词语的时候，大男人主义的意念就已经不知不觉地被接受了。

## 四 "有人"即无人

在漂流木，我的思想开了小差，从女教授又想到了台湾女教授龙应台说过的"女教授不是教授"的话，想到了女性爱感慨的"女人不是人"的话，突然间又想到了，有一次，在火车上，我去"方便"，那里的标志是"有人"，于是等，呆等。到了最后，列车员来了，打开了厕所，原来里面空无一人！我突然明白了，火车上的"有人"，有的时候其实是并无一人，只表示不可以使用，因为到了车站，要保持车站的卫生。

女教授不是教授，女老板不是老板，女人不是人……都只是一种愤激之辞，一种修辞性的说法。在逻辑上，女老板就是老板，女教授就是教授，女人当然是人！这个"女"字是表示这人的性别的。"老板娘"不是老板，这"老板"是表示这人(娘)与老板的关系的。这"娘"也不是娘，表示的是她是一个女人：与老板有某种关系的女人——老婆。

"有人"即无人，似乎并不是一种修辞用法，而是一种逻辑关系：有人——不可以使用；无人——可以使用。

"王先生，这鱼……"我的朋友沈谦教授打断了我的胡思乱想。我也聪明起来了：漂流木的美食比这个枯燥的语言学问题更"可口可乐"的。

# 香罗帕和面巾纸

## 一

中国人是什么时候开始使用手帕的？我不知道。手帕是谁人发明的？我也不知道。我也没有兴趣做考古家考据家。我单知道——

手帕的最基本的功能本来是：擦汗、擦鼻涕、擦其他不洁的污秽之物的。

当然同时也具有审美的功能——一种小小的装饰品，尤其是对于女人而言。

在传统的才子佳人小说戏剧中，手帕，——不，应当叫做“香罗帕”！“香”字是女性及同女性相关的事物的用字，例如“香肩、香臀”，都不是男人的！“罗”者，绫罗稠缎也，珍贵的材料，女性化的材料。——是必不可少的一种小道具。如果没有这个小小的道具，罗谩蒂克的爱情故事就无法展开和进行了。

在中国文化中，手帕其实是一个文化符号。一个最佳最美的符号，是女性的符号，年轻女性的符号，漂亮女性的符号，也是爱情的符号,一个浪漫爱情故事的符号。当然这说的是咱中国。但是,也并不是说西方文化中香罗帕就是不重要的,莎士比亚的《奥赛罗》中,女主人公的那个手帕就是不可忽视的。不过我们完全可以说在西方的文学中,香罗帕的符号功能是比不上咱中国的。

不久前,去世的施蛰存——他去世前几天的一个晚上,他的孙子从上海来南京,曾来我家,还谈到他的老祖父呢!——在《手帕》一文中说:"手帕被妇女们应用的时候,一定很少是抹拭涕俟用的。她们的一颦一笑,要用到手帕,她们说一句话,要用到手帕,她们看到一个熟人,要用到手帕,她们看一个素不相识者,尤其要用到手帕。总之,我们可以说她们善于在每一个动作中利用手帕,而她们的手帕也永远能够不辱使命,帮助她们增添许多妩媚。至于在关于恋爱的种种感情及动作上,妇女们尤其乞灵于手帕不可。你没留意凤姐手里的那方手帕吗?她把它扭着,她把它抛着,她把它咬着,她不说一句话,你懂得了她一切的热情。若是没有这一方手帕,我真要怀疑这本戏该怎么做法。"(《施蛰存七十年文选》,上海文艺出版社1996年)

比较而言,对男人,手帕就是手帕!其功能非常简单,具有实用价值,并不是什么文化符号。中国传统男人当然也有自己的文化符号,那就是——扇子。诸葛孔明先生的那把羽毛扇子是四季都不离手,冬天里也拿在手中。例如赤壁之战,借东风时,正是秋冬季节,他也是一时片刻也少不了那把羽毛扇子的。这把并不是用来扇风散热的羽毛扇就是他老人家的文化符号。

扇子也是女性的符号。不过,男人的扇子是羽毛扇、折叠扇,女人的扇子是团扇,绢扇。扇上题诗,是中国古典爱情故事的老套子——模式。

## 二

香罗帕现在已经退出历史的舞台了。今天，香罗帕已经被面巾纸代替了。

在当代的中国，在繁华的大都市里，在大街小巷里，……哪里还有使用香罗帕的女性呢？

在超市里，几乎已经没有或很少有作为实用的手帕在出售了。在中国，手帕是属于正在消失的事物，它逐渐只是作为文物和工艺品而存在。

在当代中国的情爱和性爱的小戏剧中，也是绝对没有香罗帕的地位的。这当然是有显示生活基础的——文学是生活的反映。在当代生活中，罗谩或很罗谩、非常罗谩的爱情故事中都是没有香罗帕的地位和作用的，所以不能责怪小说家和戏剧家。

如果说香罗帕是中国传统文化中的一个符号，那么面巾纸则是中国当代文化的一个符号。香罗帕所代表的是一种永恒的、高雅的、温情脉脉的、诗情画意的东方文化——中国文化。面巾纸所代表的是一种及时的、一次性的、低俗的、粗野的、赤裸裸的西方文化——正在西方化的中国文化。香罗帕可以题诗，面巾纸不能。香罗帕可以传情，面巾纸不能。香罗帕可以保存，作为纪念品，面巾纸必须用后就丢弃，应当永远地被忘记！

在面巾纸所代表的一次性文化盛行的时代里，香罗帕和扇子是一去不复返了。但是香罗帕和扇子的文化大概是不会永远地消失的吧？

与之命运相同的是男人的扇子，在空调普及的时代了，也退出了历史的舞台。

当代中国男人在失去了扇子之后，用什么来充当文化符号呢？上个世纪八十年代里，好像是大哥大。大街小巷里，走动着的新派男人必手持巨大的大哥大，边走边大声叫唤，那时大哥大真的成了某部分时髦男人的文化符号了。

手机是我们今天的一个文化符号，它代表了什么，目前一时还很难说得清楚。电视剧《手机》就是这一文化符号的解读。

如果说，古代的才子佳人的小说和戏剧中，香罗帕和折叠的纸扇（男人的）或绢扇（女性的）都是爱情生活中必不可少的，那么现代人的爱情中是少不了手机的。如果说香罗帕和扇子的爱情是含蓄的高雅的诗歌的，手机爱情是直截的散文的或杂文的，甚至是有点儿粗俗的。在公众场合里，许多人会遇到这样的情景：他（或她）在用手机与老婆或老公交流感情，很是亲热，甚至肉麻，但身边却正好还有一个“别人”在！就在他（或她）身边的知道内情往往这也不以为非或怪的。

没有了香罗帕的今天，并不缺少罗曼蒂克，这现代罗曼蒂克当然也需要自己的文化符号的。问题是这些文化符号如何高雅起来，诗情画意化呢？

# 说白道黑

## 一、黑白分明

黑就是黑，白就是白。黑不是白，白不是黑。

在中国文化中，黑，是北方的颜色；白，是西方的颜色。

南京的玄武湖在城北，玄武就是黑色的乌龟，它是北方的象征。诸葛亮借东风的时候，白虎旗在祭坛的西边，白虎就是西方的象征。

叫做“黑”的也并不一定就是黑。“黑匣子”就并不是黑色呀！

叫做“白”的也并不一定就是白。“白条子”并不一定白！

“黑白分明”好。董钟舒在《春秋繁露》中说：“黑白分明，然后民知去就。”

“混淆黑白”不好。“颠倒黑白”则是非常之可耻的。

然而黑到了极点就是白，白到了极点就黑。黑洞其实并不黑！

## 二、白比黑好

一般说来,白好,黑不好。白比黑好。

白就是美,就是纯洁,就是吉祥。白色的动物都是吉祥的象征,在中国。

白,要的是:"葱白、粹白、洁白、雪白、精白、银白、莹白、皎白、净白、鱼肚白"。最重要的白是"清白"和"明白"。最好的白是:"白头偕老"、"白首相知"、"白首同归"、"白手起家"、"白首穷经"、"白玉无瑕"、"阳春白雪"、"白首一节"。受人尊敬的是:穿白大褂的(医护人员)、白衣天使、白衣战士。

白也并不都好。不讨喜的白是:"惨白、苍白、寡白、白不呲咧、白日见鬼"。要不得的白是:"空口说白话","打白条子","做白日梦"。最可怕的白是:"白血病、白粉(海洛因)"!在困难和敌人面前挂出"白旗",是万万要不得的。

黑不好:"黑心、黑话、黑市、黑帮、黑道、黑幕、黑店、黑货、黑枪、黑钱、黑信、黑心、黑手",统统都是不好的。"黑手党、黑名单、黑死病",也是统统不好的。"黑灯瞎火、黑漆皮灯、昏天黑地"也都不好的。

"《红楼梦》学"叫做"红学","钱钟书学"叫做"钱学",那么"黑格尔学"就可以叫做"黑学",贺麟就是一位"黑学专家"了。张岱年说:"贺麟先生学贯中西,对于康德、黑格尔哲学及宋明理学研究尤深。在三十年代,贺先生已被称为'黑学'专家。"(《会通集》三联书店1993年)然而,这"黑"和"黑学专家"的说法毕竟是行不通,就因为"黑"字儿太不好听了。正如上海测量研究所不能简称为"上测所"一样。

注意:作为同"白人、黄种人"相对的"黑人",黑色人种,是人类大家庭中的重要的成员,在他们那里,显然是要以黑为美为珍贵的吧。

黑，也并非都不好：黑板（知识的田野）、黑糖（红糖）、黑豆、黑色金属，都是好东西。“文革”期间带“黑”的东西都是坏东西，都在打倒的范围之中。现在“黑七类”成了保健食品，红起来了。

### 三、黑白得体适度

该黑就黑，该白就白。不该黑就不可以黑，粉笔不可以黑。不该白，也不可以白，黑板就不能白。

黑要像个黑，白要像个白。黑要真黑，白要真白。黑不像黑，白不像白，都不是个玩艺儿。

头发要黑，脸要白。心要白（纯洁），不能黑。

头发要黑，是乌黑乌黑的黑，油光闪亮的黑。漂亮女子的头发就是这个样子的，美容品广告中所鼓吹的功效就是能够让您小姐的头发乌黑乌黑的黑，油光闪亮的黑。

头发不能白，白发不是好东西，人人怕头发发白。青春已经消失的男女，第一次见到白发总会心惊而肉跳的。古今中外的诗人为白发写过摧人掉眼泪的诗句，真真是太多了。李白写道：“当年意气不肯倾，白发如丝叹何益？！”（《前有樽酒》）

眼珠子也要黑，黑的好。老眼昏黄就不值钱了，就不美了。

脸要白，尤其是女子的脸更加是要白。古代大美人，宋玉先生的东边邻家的大姑娘的美就在于她的脸是白的，不能再白的白，如果使用了化妆品就太白了。当今的世界上，在女子的脸上、手上和身上的白之上来发财发洋财的人真是太多太多，满大街都是，还要闯到你家的大门上来呢！关于女子的脸的白的美的诗歌和广告是太多了，多到已经轮不到我们来说和写了。男人的脸似乎黑一点没有啥关系的，反而，如果男人的面孔太白了，就不好了，“小白脸”可是个骂人的话儿呀。但是，读书的男人的面孔白一点似乎也还是可以的，“白面书生”

并不太坏的。男人的脸不可以白,尤其是政治家,白了就是大奸臣,京剧舞台上的曹操是也。但是七十二地煞星中的郑天寿叫做“白面郎君”可并没有坏的意思,因为他并不是政治家。

衣服的白,不是干净,而是没有当官,是个平头百姓,就是“布衣”的意思。中国传统文人并不以此为耻辱,有时还有点儿骄傲的呢。文人中的白,在我,最最讨厌最最瞧不起的是“白衣秀士王伦”,我常常为吾家有如此之人而羞愧,为林冲杀了他而感到痛快。当我深深的感受到王伦就在我的身边的时候,我对《水浒传》的作者是佩服得五体投,认为这王伦是中国古代文学中最成功的不朽的人物形象之一。

心要白——纯洁,白色是纯洁的象征。不过,并不说白色的心,而说“赤子之心”、“赤诚的心”、“一颗红心”,这是忠诚的意思。

心不能黑——“黑心”是凶狠、贪婪的意思。“黑心”和“黑良心”是骂人话,黑到骨头里的黑心人也怕、也不愿意、也很怕人家指责自己是“黑心”或者“黑良心”的。

头发的确是黑的好,但是不要害怕白发和白头,白了少年头是大自然的不可抗拒的规律,不必害怕。心可千万不能黑,即使在这市场经济的时代里!黑心肠到头来是不会有好结果的。

脸要白,但是,要自然的白,顺于自然的白,不要假白,不可为白而白,为了脸白而过多地涂脂抹粉,脸可能会变厚起来的吧,那可不好的。也不可太白,太白则假,假则可怕——一切东西一旦过了头,就都不好的。

# 第四辑　史说与说史

# 宋襄公礼赞

电视连续剧《东周列国》中，宋襄公的形象真的很差劲，一个“蠢猪式”的人物。会盟诸侯于盂时，居然被楚成王劫持了去，当了俘虏；宋楚大战，打了大败仗，受了重伤——伤口在大腿上，结果送了性命。

其实，话不是这么样说的。现在让我们再想想看，会盟时，不遵守国际的规章和习惯，搞阴谋诡计，劫持人质，这样做，是成功了。难道就不应该受到谴责吗？反之，因为不搞阴谋诡计，又没有提防对方搞阴谋诡计而失败了，这就是蠢猪式的人物，就应当受到谴责的么？那么，请问：世界上还有公理和正义么？我们还要维持公理和正义么？

现代社会里，劫持人质，劫持飞机是一个世界性问题。各个国家，各个集团，都普遍地谴责这种行为。还没有哪一个国家和政党敢于站出来公开地支持劫持行为。在我们看来，宋襄公是值得同情的，是不应当受到谴责的。如果我们在被劫持的问题上来谴责宋襄公，而不是谴责楚成王，那么，我们就站到了劫持者一面去了，那就是在鼓励为了某种目的而不择手段的行为，就是在支持为了利而忘记、丢掉义，这显然是同我们中华民族的传统美德不相容的，我们从古到今都谴责“见利忘义”之徒的。在劫持人质、劫持飞机成了世界性的大课题的时候，我们这个有五千年文明的大国，是尤其不可以支持劫持而嘲笑被劫持者的。在秘鲁的劫持人质事件中，即使支持游击队的政治观念的政党和人士，也并不敢于公开支持他们，其原因就在于他们所采取的方式手段是劫持！因此，无论从历史，还是从现实来看，我们都不应当在这个被劫持的问题上攻击宋襄公。

再说第二件事情吧——

> 冬，十一月，襄公与楚成王战于泓。楚人未济，目夷谏曰：“彼众我寡，及其未济击之。”公不听。已济，未阵陈，又曰：“可击。”公曰：“待其已陈。”陈成，宋人击之。宋师大败，襄公伤股。国人皆怨公。（司马迁《史记·宋微子世家》）

战争当然是一种特殊的政治，是一种诡道，但是，在中国古代人看来，“盗亦有道”?！战争当然也必然有它的道德规则，战争的双方都得遵守这样的道德和规则。现代社会里，有国际公法，在波黑战争中，那些违背了战争国际公法的个人不是受到世界各国普遍的谴责了吗？国际法庭还在通缉它们呢！我们熟悉的作家叶君健在《我的外语生涯（上）》中写道：

> 大战期间，德国法西斯在英国狂轰滥炸，为了避开空袭，伦敦的许多文化人和作家迁到剑桥来住。也许因为这是个大学城，没有什么军事目标，只有一些古老学院建筑，德国空军没有来骚扰——这使我想起了我们的邻居

日本，40年代初期我在重庆沙坪坝重庆大学教书，日本飞机却毫不留情，炸毁了大片学生宿舍和教学楼。（《光明日报》1997年4月16日）

是的，在日本军国主义者发动的侵略中国的战争中，日本法西斯干了许多违反国际公法的非人道的罪行，这是永远应当受到谴责的，之所以必须受到谴责，并不是因为日本战败了，而是因为这种违反国际公法的罪行是必须受到谴责的，即使——退一万步说，日本胜利了，它的野兽一般的罪行也还是永远应当受到谴责的。“胜利者是不受谴责的。”这是霸权主义哲学，这是强权即真理的借口。真的就是真的，假的就是假的，真理正义和非真理非正义的界线是不可以混淆的颠倒的。为了战争的胜利而故意违反国际公法和人类道德准则的人，是永远要受到谴责的。

宋襄公当然知道这是战争，这关系到他本人和宋国的命运，但是他坚持“仁义”和战争的规则，他因此而付出了巨大的代价：失败了，死了，他当然很傻。然而，他是在为了一个原则而战，而死的。记得，当年，我们同修正主义者论战的时候，我们批判“活命哲学”：“人都死了，脑袋都丢了，还谈什么原则？”那时候我们坚持的是：“即使丢了脑袋，原则是不能丢掉的！”我们的革命先烈夏明翰的主张是：“砍头不要紧，只要主义真。”谁敢丧心病狂地说夏明翰是愚蠢的呢？

在中国传统历史学中，当然也有反对指责宋襄公的，但是大大赞美宋襄公的人也是很多的，他们不以成败论英雄，他们更重视的是人类社会生活中、人类历史进程中的基本原则。例如司马迁就以太史公的身分赞美说：

襄公之时，修行仁义，欲为盟主。其大夫正秀考美之，故追道契、汤、高宗、殷，作《商颂》。襄公既败于泓，而君子或以为多，伤中国阙礼仪，褒之也，宋襄之有礼让也。

《史记·集解》引《公羊传》说："君子大其不鼓不成列，临大事而不忘大礼，有君而无臣，以为虽文王之战亦不过此也。？"《史记·所隐》说："襄公临大事不忘大礼，而君子或以为多，且伤中国之卵，阙礼仪之举，遂不嘉宋襄之德，故太史公褒而述之，故云褒之也。"

这些肯定赞美褒扬的评论，在今天看来，还是很正确的。

就今天中国国内的情况和当前国际形势来看，我们以为，我们也不应当谴责宋襄公。就国内而言，的确存在着一种"见利忘义"、只要目标而不择手段的社会风气。"胜利者是不受谴责的"变成了"大款是不受谴责的"。创收、创汇，就是一切，而原则是可以，是应当被放置到第二位，或者干脆丢到垃圾箱中去的！在国际关系上，是支持国家不分大小一律平等，不可干涉别国内政，还是崇拜实力最强大的国家，支持它把别国元首随意抓到自己国家放置到大牢里去的做法呢？

在我们看来，宋襄公是一个悲剧式的英雄人物，他的故事的美而悲壮就在于把美和正义的德行通过毁灭的方式展示在人类面前，鼓励你在最困难艰苦的时刻支持美和正义，为了美和正义而斗争，不怕失败，甚至于毁灭。宋襄公是失败了，然而他的人格是高尚的。在人生的追求中，财富地位最终都会消失，然而高贵人格是永远不会消失的，将会成为人类共同的财富。

# “丙吉问牛”说

报纸上经常出现表扬式的报道，某书记某市长亲自抓某事，某市设立“市长信箱”，某地有“市长办公日”。于是我想起了成语“丙吉问牛”。

丙吉是西汉时代的一个宰相。他在政治上并没有什么大的建树，只是以宽厚为特色。“吉为人，不自伐。”“吉本起狱法小吏，后学《诗》《礼》，皆通大义。及居相位，上宽大，好礼让。”(《汉书·丙吉传》)他的一生最出名的事情就是：

> 吉又尝外出，逢清道群斗者，死伤横道。吉过之不问，掾吏独怪之。
>
> 吉前行，逢人逐牛，牛喘吐舌。吉止驻，使骑吏问：“逐牛行几里矣？”

丙吉宰相似乎缺少了点“人道主义”，有的是“牛道主义”！当时他的身边的人也正是这样想的，部下有人不理解他，不满意他，责问他。对于部下的责问，丙吉的回答是：

> 民斗相杀伤，长安令、京兆尹职所当禁备逐捕，岁竟丞相课其殿最，奏行赏罚而已。宰相不亲小事，非所当于道路问也。方春少阳用事，未可大热，恐牛近行，用暑故喘。此时气失节，恐有所伤也。三公调和阴阳，职(所)当忧，是故问之。

丙吉的这一番大道理，是从陈平那里继承来的。

丙吉的高明和伟大，还在于他明确区别了职责范围。他是官，任何一个官都有自己的职责范围，本职责范围内的事情不管，没做好，是失职，是渎职——渎职有罪，就叫做“渎职罪”。超越自己的职责范围多管了不属于自己的职责范围的事情，是越权——这同雷锋的做好事是完全不同性质的问题。丙吉既不越权，又不渎职，所以是一个好官。

今天报纸上报道的那许多事情，其实，本不是书记或市长的职责范围内的事情，其实都有个主管部门的，这些部门也都是有主管官员的，而且还不是一两个人呢。读这类报道，我就想问：那些主管部门的官员哪里去了？书记和市长去管下属应当管的事情，哪里还有时间和精力来管好自己分内的事呢？

其实，每个人，各行各业的人，都有一个职责范围的问题，不能分内分外不分，更不能份内分外颠倒。现在的问题恐怕就处在这个分内和分外的颠倒上。学生不读书，去办公司。学者不搞科研，热衷做官及社会活动。

古代人有个游戏，在卡片上分别写上三类词语：官员、和尚、少女、刺客、罪犯等，书房、闺房、公堂、庙宇、花前、月下、皇宫等，睡眠、读书、办公、念经、烧香、拜佛、杀人、放火等。随意摸三张卡片，如果构成的句子是常规的，例如：“官员在公堂上办公。"就算通过了。如果超出常规,例如:"和尚在闺房里办公。"则是荒谬的,就要求这人作诗一首,作出解释,或者罚酒一杯。一个人出现在不该出现的地方,做他不该做的事情,就是荒谬。问题是现代这种荒谬的事情太多太普遍了。

在中国,调和阴阳的伟大的意义。它这阴阳同天地、乾坤、男女等万事万物相配:

阳—乾—天—男

阴—坤—地—女

阴阳是中国政治、经济、文化、科学、技术的核心。

阴阳观念就体现了中西文化和心理的差异。陈炎认为:"从比较文化的角度来看,如果说,中国古代的思维结构是'阴阳',那么,西方传统思维结构是'因果'。"(《多维视野中的儒家文化》,中国人民大学出版社1997年)"中国古代的'自然科学'和'社会科学'均受制于阴阳思维结构。"

做人和做事,都要分清大小、轻重、缓急、内外。就这一点而言,丙吉和陈平抓住大事情,而放松、放弃了小事情,分外的事情,是对的,而诸葛亮,大小事情一把抓,打小兵几十下屁股也要亲自管,的确不是好办法。人,先天因素当然是有差异的,但先天的能力的差异并不那么大的,每个人都有巨大的潜在能量远远没有得到发挥,或者是发挥的不是时候和地方。这原因之一就是,许多人分不清大小、轻重、缓急。你瞧,一个买菜的老年妇女,花了半小时讨价还价,最后还会悄悄儿地偷偷儿地"顺手牵羊",抓他几棵葱。然而,她却心甘情愿地让人骗去是金银首饰,价值成千上万。这都是她大小、轻重、缓急不分的结果。

# “英雄”和“竖子”

说话难，听话也难。说话难，就难在做到真正得体很不容易；听话难难在把握说话人所处特殊语言环境和他的特殊的独一无二的心态。例如，当年阮籍登广武古战场，叹息道：“时无英雄，使竖子成其名！”这话常被引用，但也常被误解。

苏东坡的一个朋友指责阮籍说：“岂谓沛公竖子呼？”

东坡说：

> 今读李白《登古战场》诗云：“沉湎呼竖子，狂言非至公！”乃知太白亦误认嗣宗语，与余友之意无异也。嗣宗虽放荡，本有意于世，以魏晋间多故，故一放于酒，何至以沛公为竖子乎？（《东坡志林》卷一）

照东坡的理解，阮籍的竖子指的是魏晋时代的人，不是刘帮或项羽。在我看来，苏东坡的理解其实不符合阮籍的原意。认为阮籍的意思是魏晋时代没有真正的英雄，有的只是竖子，这也不妥的，事实上阮籍是不会否定曹操等是英雄的。曹操的煮酒论英雄的事情，阮籍是知道的，也是承认的。

这里“时”，可做两种解释，第一，楚汉相争之时；第二，眼前现在今天，阮籍登广武之时。如果阮籍编写《楚汉战记》，作历史人物论，这“时”就是楚汉相争之时。作为一个抒发感情的怀古文本，它有两个时间——古和今，这个时间古和今又可以有虚和实两种理解。第一种，实指楚汉时，虚指今天。字面上讲的是楚汉相争之时无英雄，骨子里说的是今天的无英雄。第二种，实指今天，楚汉时为虚，是一个背景。这又有两种情况，一种是古今一致，都无英雄，都只有竖子。第二种，古今正好相反，成了强烈对照：古有英雄，无竖子；今无英雄，只有竖子，可叹息也。

古今一致，当年楚汉相争，没有英雄，刘邦、项羽、韩信等都不能算是真正的英雄。刘邦和项羽等都只不过是竖子而已，因时无英雄而成名。如果是这层意思，阮籍也不必非在登广武古战场时说这话的。如果楚汉相争时代也无英雄，那中国历史上无英雄的时代就太多，今天的无英雄也就值不得大惊小怪，不值得太多的伤感的了。即使楚汉相争时真的没有英雄，刘邦和项羽只是竖子，这不值得阮籍如此感慨，他所关心的不是那个时代。

从做文章的角度看，古今对照，更为合理。面对历史上的一个英雄辈出的时代，感叹今天的无英雄，这才合乎逻辑。有了对比，感情才更强烈。阮籍登广武古战场时，眼前出现的是楚汉相争时的那些真正的英雄，正是刘邦和项羽等大英雄，激发了他的抒情的冲动。

阮籍的“时无英雄”中的“时”，不是指楚汉相争的时代，而是“今天”。问题在于，“今天”(此时)是一个模糊词语。可以是指大时段，整个三国时期，这一来，曹操和刘备、孙权、诸葛亮、周瑜等都算不上真正的英雄，这不可能。阮籍似乎不会狂放到、糊涂到连曹操、刘备、孙权、诸葛亮等全都否定的程度。

三国时期是中国历史上的一个英雄辈出的时代，但是，这些英雄主要活动在前期。《三国演义》的读者都感觉到，前期是英雄辈出，而后期到了"廖化作先锋"时候就真的是时无英雄了。这并不全是小说家写到后来精力不够的问题，也是一个历史的事实。

"时无英雄"中的"时"，也可指小时段，指司马氏掌权、行将篡权的此时此刻，即魏晋交替之际，也就是阮籍所生存的那些年。阮籍的"时无英雄"，不是狂放的胡言，而是一个双关语：

表层：楚汉相争时，英雄辈出，英雄成名。

深层(1)：曹魏创建时，英雄辈出，英雄成名。

深层(2)：魏晋交替时，无英雄，竖子成名。

这个双关语的深层的真正的含义是，对曹操等曹氏英雄的怀念和呼唤，对司马氏行将篡权的担忧和无可奈何。他关心的是他自己所处的此时此刻，一个无英雄的时代，他呼唤英雄，为英雄招魂。他怀念英雄辈出的汉末魏初时代，曹魏的先祖创业的时代。他心目中的英雄是曹操！阮籍所呼唤的英雄也是曹操！但是，在当时情况下，他不能明言，那是要杀头的。

这句话中，楚汉相争时是汉末魏初时的一个比喻(烟幕)，刘邦和项羽是曹操和曹丕的借代语。曹氏集团已经没有曹操曹丕式的英雄人物了，司马氏竖子才得以成名(成了气候，从事篡权活动)！可叹息也。说这番话的最佳地方，不是广武，而是官渡。那就太露骨了，脑袋要搬家的。必须伪装一番的。正因为伪装了，就导致了误解。

阮籍怀念曹操曹丕时代的英雄辈出，感慨后曹操曹丕时代的无英雄，而对司马氏竖子表示了无可奈何。

# 刘备斥“求田问舍”

宋代大诗人辛弃疾当年登上南京的赏心亭。

赏心亭，据《景定建康志》说：“赏心亭在(城西)下水门城上，下临秦淮，尽观览之胜。”我现在在河西，在十八层高楼上，窗外就是秦淮河，就可以观览南京城。我想，我家现在的位置，就相当于宋朝时候辛诗人所在的赏心亭。

诗人作词一首《水龙吟》：

> 求田问舍，怕应羞见，刘郎才气。可惜流年，忧愁风雨，树犹如此。倩何人、唤取红巾翠袖，揾英雄泪。

这里的刘郎，就是刘备，他是辛弃疾心目中的英雄。

对历史人物，最重要的是区分开历史和小说戏曲。对三国人物，必须严格区分开《三国志》和《三国演义》!

刘备其实是文武全才的人物。

他是卢植的学生，卢植是大儒马融的学生，是郑玄的同学。刘玄德和公孙赞也是同学。

刘备在荆州时，有一次和陈汜一起在刘表的客厅里，陈汜批评陈元龙，刘备问陈汜的批评有什么根据。陈汜回答说："昔遭乱，过下邳，见元龙。元龙无客主之意，久不与语，自上大床卧，使客卧下床。"

刘备说："君有国士之名，今天下大乱，帝王失所，望君忧国忘家，有救世之意，而君求田问舍，言无客采，是元龙所讳也。何缘当与君语？如小人，欲卧百尺楼上，卧君于地，何但上下床之间耳！"

刘表赞赏地笑了。

刘备当面非常不客气地对陈汜说：陈元龙对你还算客气的，要是你遇到了小人我刘某人，我自己到百尺高楼上睡大觉，让你在地上睡，哪里是上下床的问题呢！

辛弃疾赞叹的就是刘备的这种英雄气概。

如果，刘豫州真的是《三国演义》上那个样子，狗熊似的，哪里还能够建立蜀汉国？曹操怎么会说出"天下英雄唯使君与操"的话来呢？袁绍、孔融、陶谦、刘表、刘璋等都待为上宾的呢？能够让那个那么样狂妄的孔融那么佩服的人，当时有几个？

在我看来三国时代，真正是曹操对手的，的确是只有刘备一个人。

# 不屑于骂阵的魏延将军

魏延是幸运的，得到了刘备的赏识和提拔。他又很不幸，诸葛亮总是不那么信任他。

魏将军最窝囊的是，诸葛丞相竟然让他去骂阵。——请注意，现在说的是《三国演义》，不是《三国志》，讲的是小说，不是历史。

在此事件上，我个人完全站在魏将军一面，而且是毫不含糊的。我堂堂大汉——请诸位注意：是汉，高祖创建的汉，绝不是什么“蜀”，叫做“汉”，才能够名正言顺地去攻打魏国，那是伪政权！——怎么可以去做流氓、无赖、泼皮才做的下三流的事情，怎么可以去泼妇骂阵，这太丢脸了，有失大汉国的堂堂大将军的体面！大将军宁可战死沙场，也不失去体面！

我不赞同诸葛丞相：你怎么出如此下策？知己知彼，百战百胜。你太不了解司马懿那只老狐狸了，你骂，就是你骂上一万年，人家也不会上当的！丞相大人，您老叫魏将军去骂阵，就显示了你老的无能了！魏将军去骂阵，司马懿就瞧你不起，他就知道你没有其他高招啦!

丞相呀,淮阴侯韩信可以钻人家的裤裆,司马懿就不会在自己的耳朵里塞一些棉花——声明在先:三国时代,中国还没有棉花,我是说着玩的。不过,如果因此指责我说,这是我的"硬伤",我决不还嘴!——那就用纸张吧,蔡伦已经发明了造纸术!我认为,司马懿的承受能力绝不在裤裆将军之下的!

魏延、诸葛亮、司马懿三人中间,在此事件中间,最厉害的还是司马懿那个老滑头。

我要责备的是诸葛大丞相:用人不当,即使要骂阵,不必派魏延去,他一介武夫,能够骂出一个什么水平来?你应当到大学里,抓几个大学教授来,大学教授才能够骂出一个国际一流水平来。我包你,叫那个叫司马什么懿的东西怎么也受不了的!

其实,魏延也呆呀,何必违抗丞相,自找苦吃。派两个小兵,到大学去抓两个教授来,把骂阵的任务就外包给大学教授。他们必定能够百分之百地完成了,丞相还会表扬你的呢!

# 刘禅与乐不思蜀

## 一 刘禅

在中国,诸葛亮是聪明人的符号;刘禅,是愚蠢无用的代名词。他们是两个对立的意象符号。你看:小诸葛,赛诸葛。三个臭皮匠抵上一个诸葛亮。乐不思蜀,扶不起的刘阿斗。自以为是诸葛亮,把别人当作刘阿斗。

然而,这是罗贯中《三国演义》上的诸葛亮和刘禅,并不是历史上的诸葛亮和刘禅,也不是陈寿《三国志》里的诸葛亮和刘禅。谈论历史上的诸葛亮和刘禅主要依据是陈寿的《三国志》。

做翻案文章,可以哗众取宠,吸引眼球的好手法。但是,不是学术研究的好方法。为了轰动效应,故作翻案文章,就是要把公认的好人说成是大坏蛋,偏偏把大坏人说成是大英雄,这种"颠覆",也是一种学术腐败。

乐不思蜀——一个做了那么多年皇帝的人,居然认为做俘虏比当皇帝还要快活,全无心肝。我不相信,刘禅竟然如此之混账。

不能统一,非刘禅之过也,曹操、孙权、刘备、诸葛亮也办不到的。亡国,那是早晚的事情,崇祯皇帝也没有能够挽救大明帝国的灭亡。评价历史人物,现实的人物——我们身边的人物,都不可以,不需要,用他不能做的事情来要求他。

刘禅不是有本事的人,但是也还算是明白人。刘禅是值得肯定的,理由是:

第一,他有自知之明;他没有空喊口号,他没有自比为尧舜。

第二,他信任诸葛亮,放手让诸葛亮去干。他没有趁诸葛亮北伐之机,搞阴谋,干掉诸葛亮,诸葛亮死后,他没有废除诸葛亮建立的规章制度。

第三,诸葛亮死后,他坚持了诸葛亮的治国方针与用人路线。他信任姜维等大臣。他没有胡作非为,杀戮臣民。

第四,他的不得已举国投降,避免了蜀国百姓遭受更大的损失。这一点,他颇同于刘璋,是应当赞美的。

曹操和孙权的子孙之中,有能人的,但是,结果如何?

刘禅的形象是罗贯中创造出来的,罗小说家是为了突出诸葛亮的形象才如此这般的。

研究三国的历史,需要的是严格划清历史和小说的界线。历史学家一定要同小说家划清界限,小说家要典型化,可以虚构。历史学家只能、必须实事求是,不夸大,不隐瞒。

诸葛亮是聪明人,但是不是《三国演义》上的那个聪明。刘禅不是很聪明的人,但是绝不如《三国演义》上那个样子的愚蠢。诸葛亮不是中国历史上最聪明的人,刘禅不是中国历史上最愚蠢的皇帝——在他之后的晋朝皇帝在老百姓没有饭吃的时候,居然说:“没有饭吃,就吃肉呀!”

实事求是地说,诸葛亮是中国历史上比较聪明能干的宰相。刘禅是中国历史上一个中间偏下一点的皇帝。在亡国之君中,还算是比较好的一个。

## 二 乐不思蜀?

“乐不思蜀”的成语,说的是刘阿斗的故事。《三国志·蜀书·后主禅传》的裴松之注引《汉晋春秋》说:

> 司马文王与禅宴,为之作蜀技,旁人皆为之感怆,而禅喜笑自若。……他日,王问禅:“颇思蜀否?”禅曰:“此间乐,不思蜀。”

作为成语“乐不思蜀”的意思是:乐而忘返,乐而忘本。刘阿斗因此就成了一个全无心肝之人了。

在我看来,这其实是冤枉了阿斗。

第一,这个时候的刘禅已经是五十多岁的人了,做过三十多年的皇帝,难道连做皇帝和做俘虏的生活也区别不出来吗?绝不可能的。他当然知道在蜀国做皇帝是多么的快活,而在魏国做俘虏是多么的不幸的了。如果这一点都不知道,他还是个人么?

普通老百姓说:梁园虽好,不是久恋之家。金窝银窝不如狗窝。穷家难舍。阿斗怎么就不知道家好呢?

再说,在成都生活了几十年,到了北方,习惯么?

第二,刘禅说:“此间乐,不思蜀。”这是他的大智慧。后来的李后主李煜缺少的正是刘禅的大智慧,所以不得好死,而且死而无益!

我们往往指责刘禅,但是我们忘记了刘禅特定的语言环境,所以是我们误解了刘禅。这刘禅何尝不思念自己的故国,何尝不思念自己的往日皇帝的生活,然而他不能!他的苦衷有谁个知晓?

综观刘禅之一生,他并不是一个糊涂人。作为一个皇帝,他知道信任值得信任的人,把国家大权交给有本事的人,他没有杀害功臣名将,真是了不起。对诸葛亮和姜维等人信任到底,真不容易。这是中国历史上许多帝王所做不到的。

至于亡国,并非他一人之罪也,历史自有自己的发展规律。我们是不应当以“成者为王,败者为寇”的眼光来看待历史的。

换一个角度看,刘禅和刘璋,都摆脱了个人的得失荣辱,放弃了皇帝的宝座和个人的特权,保持了蜀国的安宁和繁荣,这都是大有功于蜀国的,本应当赞美的,是不应该谴责的。难道假如刘璋和刘禅为了自己继续享受国君或者皇帝的特权而不管蜀国人民的死活下一道命令全体将士决一死战,就值得后代人的赞美了吗?!

# 鲁达和岳飞

从南京来到银川,首先想道的是鲁达——花和尚鲁智深,《水浒传》中值得佩服的第一人,他是一个真正的人!他是延安府的提辖,任务是防备党项人建立的西夏的入侵。鲁达没有能够打到贺兰山下,他压根儿就没有想过打到贺兰山下。无意间,三拳打死镇关西,上五台山,到了东京相国寺,大闹野猪林了……

北宋时期,"先天下之忧而忧,后天下之乐而乐"的范仲淹,——他的"忧"就是党项人对宋王朝的入侵!不知道中学语文老师讲解这篇课文的时候,有没有交代这一点!——,还有富弼和韩琦等一代名将,他们的重任都是防御党项人的入侵,但是他们都无缘于贺兰山,那正是党项人不可一世的时候。

在银川,我听到有人说:"在岳飞到过的贺兰山阙……",西北第二民族学院院报上,也是这么写的。在张贤亮的西部影视城,高高悬挂的旗子上,写的是——踏破贺兰山阙。

这是岳王爷的《满江红》里的句子,这是脍炙人口的句子,于是也使得贺兰山名扬华夏。这时候,我才想到岳武穆,想到《武穆遗书》。历史学家告诉我们说,岳飞没有写过这样的著作,但是武侠小说家需要这部著作。

我喜欢《满江红》,喜欢“三十功名尘与土,八千里路云和月”。——我也吹毛求疵,“三十+功名”和“八千里+路”,对仗不很工整。——我过去、现在和将来都以为岳飞是民族英雄,汉民族的,可也不仅仅只是汉族的,大宋是一个以汉族为主体的多民族的国家。他为多民族的大宋人民的和平安乐的生活而战,所以是民族英雄。

但是我不喜欢他的“壮士饥餐胡虏血”的话,太血淋淋了,我这个人从小儿就如此胆小。而且,在今天的国际大形势下,尤其要注意,小心和当心:会被当作搞种族歧视、种族灭绝的罪状的!

“踏破贺兰山阙”,那只是岳王爷的理想,如果我们不好意思说是梦想的话。北宋时候,那时候首都在黄河边上,范仲淹、富弼、韩琦以及鲁达提辖他们尚且想到贺兰山而不得;南宋时候了,首都迁移到长江之南了,岳王爷打到河南朱仙镇就非常的了不起啦!他于是被逼回朝了,上了风波亭!“莫须有”地完结了短暂的辉煌一生。

那时候,在南宋疆土和西夏人控制的贺兰山(西夏)之间,还隔着一个大金国呢。岳王爷的伟大事业是抗金,其对手是金兀怵,《说岳全传》里说到过党项勇士么?没有!岳王爷并不是在同西夏的党项人对垒。因此,有人怀疑这首《满江红》并不是岳飞的作品,因为贺兰山不是大金国的首都或者老窝。对于这个问题,没有调查研究的我们,当然就是没有发言权的。但是,有一点是可以肯定无疑的,那就是:岳王爷没有到过贺兰山。

既然岳王爷没有到过贺兰山,那么银川旅游界用“踏破贺兰山阙”来招徕旅游者,就似乎是不伦不类的。

而且，岳王爷的这句“踏破贺兰山阙”，站在贺兰山下人家的立场上来说，似乎并不是一句什么好话，因为在岳王爷的心目中，那显然是敌人的老窝，是必须踏平扫荡的地方，这有什么好的呢？有什么值得银川人自豪的呢？

再说，我们是一个多民族的国家，民族团结和睦和谐最重要，中国历史上的不同民族之间的矛盾和斗争，最好留给历史学家去研究，旅游单位少提为妙。

再说，制作这个标语牌的人，可不要忘记，岳王爷的“踏破贺兰山阙”之后，可就是“壮士饥餐胡虏血”的呀！旅游者大概是不会喜欢这种血腥场面的吧？千万不要扫了旅游者的雅兴。

不知道文坛泰斗的张贤亮君以为愚见如何。

# 岳飞论马

《宋史》上记载：

> 七年，入见，帝从容问曰："卿得良马否？"
>
> 飞曰："臣有二马，日啖刍豆数斗，饮泉一斛，然非精洁则不受。介而驰，初不甚疾，比行百里始奋迅，自午至酉，犹可二百里。褫鞍甲而不息不汗，若无事然。此其受大而不苟取，力裕而不求逞，致远之才也。不幸相继以死。今所乘者，日不过数斗，而秣不择粟，饮不择泉，揽辔未安，踊踊疾驱，甫百里，力竭而汗喘，殆欲毙然。此其寡取易盈，好逞易穷，驽钝之才也。"(《岳飞传》)

这哪里是在谈马，其实是在议论人，人才。所以我们的标题就应当叫做《岳飞的人才观》。

值得注意的是，岳飞赞美、怀念两匹良马，但是并没有否定驽钝之马，并没有非良马不骑，宁可步行，也绝不骑驽钝之马。

我赞美岳飞的理想主义和现实主义的结合。

我最近之所以想起岳王爷的这番话，是因为近来常常有人，在报刊上，在会议上，反复引用一句名言，“大学者，大师之谓也。”我对此往往是不屑一顾的，道理很简单——

中国有那么多的大学，可哪里能够有那么多的大师？没有大师就不办大学了么？大师能够成倍成批地生产么？就是那个最发达国家的老美，又能够有多少大师——真正的货真价实的大师？老美的每所大学都有大师吗？

而且，在我看来，大师不一定是好教师！好教师不一定是大师！君不见，数学大师的陈景润当不了中学数学教师！如果爱因斯坦在今天中国大学里讲授低年级的物理学基础课程，大概是拿不到教学奖金，这是因为，首先他未必就能够得到大学生的喜欢；第二，再加上他的未必善于吹和拍，要是他不会搞人际关系的话。

学术大师总是极少数的，所以才会物以稀为贵。要求大学教师人人是大师，荒唐！要求每所大学都有大师，未必能够做得到。有大师的大学里，99%的工作还是非大师的普通教师做的。

在我看来，今天中国的大学，最最重要的是合格的大学教师。大学校长把力气花在这个方面，加强高等学校教师基本队伍的素质建设。

没有大师，人为的制造大师，更是不可取的。

花费巨大代价到什么地方去挖大师，非上策也。

大学校长的两只大眼睛如果只盯着大师，非中国大学之福也，非中国大学的发展之正道。

# 慕容德：空对空

房玄龄等的《晋书》中记载：

> 后因宴其群臣，酒酣，笑而言曰："朕虽寡薄，恭已南明而朝诸侯，在上不骄，夕惕于位，可方自古何等主？"其青州刺史鞠仲曰："陛下中兴之圣后，少康、光武之俦也。"(慕容)德顾命左右赐仲帛千匹。仲以赐多为让。德曰："卿知调朕，朕不知调卿乎？卿饰对非实，故亦以虚言相赏，赏不乱加，何足谢也？"

这一段，我是一看就再也忘记不了的。

这是这个古代帝王很喜欢问大臣的一个问题，也是大臣非常难以回答的一个问题。这类问题，汇编起来就是一本大书，分析起来一定非常有意义。

慕容德虽然酒酣，但是还没醉，头脑还是清醒的。

慕容德的可贵之处，在于他有自知之明。古代希腊人提出:认识你自己。真正做得到的,古今中外有几个人?

慕容德知道鞠仲说假话欺骗他,他并没有杀了鞠仲。因为这种吹牛怕马行为是普遍的社会现象,够不上死罪的。虽然,他并不赞同这种做法。

慕容德同鞠仲开了一个玩笑,以毒攻毒,这是他对这种社会现象的否定。白猫黑猫,抓到老鼠的才是好猫。凡事都得看效果——

> 韩范进曰:“臣闻天子无戏言,忠臣无妄对,今日之论,上下相欺,可谓君臣俱失。”德大悦,赐范绢五十匹。自是昌言竟进,朝多直士矣。

看来效果还是好的。

但是对于韩范进,我却是不敢恭维的。第一,我看不能把慕容德的话当作一直欺骗行为;第二,他在神化君主(帝王),搞造神运动,其实君主也是人,不需要要求君主每句话都一本正经。

# 关公战秦琼

“关公战秦琼”？这是笑话，天大的笑话。一个在汉一个在唐，打不起来也哥哥！

笑话归笑话，打不起来也得打！其实，这有什么不能打得？

你看人家老外，意识流小说，荒诞派戏剧，黑色幽默，紫色幽默……，时空倒置，不可能的全都可能了呀！学着点，同国际接轨！

不要崇洋媚外！咱中国大明王朝的董说先生创作了一本小书，叫做《西游补》。这小说里，不可能的全可能了。请看看女娲女士家门口布告：

> 二十日到轩辕家闲话，十日乃回。有慢尊客，先此部罪。

怎么样？

关公打秦琼之所以可笑，是因为两个打斗者，不是同时代的人。——但是,现代人时髦的是:生者同死者对话;现代人同古代人对话!舞台上古今中外的人聚会在一起,常常有的事情。

关公打秦琼的不可笑处在于:两个人都是武将(武生),具有可比性、可打性。而且,他们打起来,才有可看性——看头,好玩哉!

关公打貂蝉,一拳头打她一个死,没戏了。关公打貂蝉,做什么?荒唐!秦琼打萧太后,滑稽!大男人同一个小女娘——说明:穆桂英、花木兰等巾帼英雄都不在此范围之内——,是没有可打性的,打了,也没什么看头!

所以,提出关公打秦琼的人,虽然可笑。但是,可笑之中也有不可笑之处,也有他的道理。

即使是关公打秦琼,尚且不可以完全否定,那么对其他我们不赞同的、不喜欢的话语,非常讨厌的话语,当然那也就更不可以简单地全盘否定了。宽容些吧。

君不见,今日里,搞笑的多多,比关公打秦琼更加可笑的多着呢!

君知否,关公打秦琼,正是新时代文化的特征!

# “行者”武松和“打虎将”李忠

## ——关于名与实问题的一点感想



在敦煌的古城，有一对联：

> 做事不可投机取巧，
> 吃饭尽管加醋添油。

……妙。

“火城”南京，高温天气，由于人所皆知的原因，在今日之中国，虽有空调，却大都是并不常开的，于是汗流浃背，无事可做，躺在床上胡思乱想，突然想到儿时读过的《水浒传》，突然间想到英雄武二爷，想到他老人家英雄落难——将到退休年龄的老者对飞黄腾达之人总是不想沾边的。

那英雄武二爷，走投无路之时，只得削发为僧——

> 张清拿起剪刀，替武松把前后头发都剪了。诗曰：打虎从来有李忠，武松绰号尚悬空。（第三十一回）

虽然，事实上，这个武松，他老人家的确——千真万确在景阳冈上用自己的拳头打死过一只老虎(按:那个时候，打虎并不犯法！)，按理说是本当叫做“打虎将武松”的。但是，那个从来没有打过老虎、也根本不敢打老虎的李忠先生，在此之前已经自号为“打虎将”了，如果武二爷爷自封为“打虎将”，那将是侵犯他人的名誉权，就得赔偿他人的名誉损失费若干元！按今天的商标法、专利法，武松都只能是吃不了兜着走的！穷得丁当响的武松是决不敢冒这个险的，那张清和孙二娘也不是“法盲”，也不敢冒险闯祸的。

平生天不怕地不怕的武松居然也只得委曲求全，甘居下游——同意做“行者”！

天下事，原来就是如此之荒唐也——

打虎的英雄偏偏叫做“行者”，同“虎”不沾边儿！

不打虎，不敢打虎的，却偏偏叫做“打虎将”！

更叫人悲哀和愤怒的是:连“替天行道”的梁山“政府”居然也是承认这一既成事实的！这叫人不得不佩服全世界无产阶级的伟大领袖列宁，他说：千百万人的习惯势力是最可怕的！

当然更加叫人佩服的是：那武二爷心甘情愿地被人称呼为“行者”，而对李忠的“打虎将”的光荣称号毫无疑义，只当作没有这回事情一样！妙哉！

李忠居然敢于在武松面前以“打虎将”自居而一点儿也不脸红，伟哉壮哉！其脸厚过城墙也哉！

就这一点而言，是武松不如李逵:李逵敢于杀了李鬼！他容不得李鬼冒充他，败坏他……

不过，在今天，也许——李逵是绝对吃不开的，只有像武松那样的人才能活下去。常常是李逵活得大不如李鬼的！李逵式的企业破了产,李鬼式作坊却大发其财!名和实的关系,是一个大问题。语言学家、哲学家、政治家,都关心着名与实的问题。

中国先秦的圣人和古代希腊的学者都一再认真地研究过这个课题,然而理论归理论,实际归实际,这个问题是永远也难以说得清楚的。

其实这类事情,是用不着大惊小怪的。名与实的脱离,其实是古今中外的常见现象!

# 第五辑　前师往事

# 我的老师方光焘

## 一　工资

1963年夏天，我毕业留校，在语法理论研究室，当实习研究员——助教。

到主任方光焘教授家去报到，在他的书房里，方先生突然问我：

“你父亲拿多少工资？”

方先生知道，我父亲是江苏省农业厅厅长。我们毕业的时候，匡亚明校长主持全校师生大会，欢送应届毕业生，我父亲代表毕业生家长讲话的。

我说：“180元。”

方老师笑着说：“哦，就同我们中文系的副教授一样多，同王气中、陈瀛他们一样多。”

我从他的笑容中，体会到了他的言外之意：高级知识分子高于高干。

后来，我对爸爸说到方先生的话，爸爸说：

"他们是高级知识分子！国家的财富。像你们方先生，中国有多少？他们贡献大，应当拿高工资。国家再困难，也拿得出这笔钱的。我们是干革命的，不能同他们相比，想发财，我们当初就不去干革命了，革命同发财是两码子事情。"

方教授的工资是330元，当时是普通工人的十倍。

## 二　同日本军官对话

当年与方先生的研究生陆学海同屋，我们每晚散步。秋天里，我们常常到珠江路口，在一家小店，点二三只螃蟹，打一二两小酒，然后海阔天空，随意侃侃，谈得最多的当然是我们老师方先生。陆师兄对我说：

上海沦陷之后，方先生在上海。有一天，方先生到内山书店，翻阅日文书籍。一个日本军官带几个日本士兵闯进来检查。日本军官看到方先生看日文书，料定他会说日本话，就同方先生聊天，日本军官大肆夸耀日本军队的胜利，说："大和民族的特点，就是：胜利来得特别的迅速！"

方先生用日语回答说：

"我也知道，大和民族还有一个特点，那就是——

失败来得也非常迅速！"

鬼子军官变了脸，勃然大怒。但是，在内山书店里，光天化日之下，也不便发作，小鬼子军官走了。

方先生知道，小鬼子不会轻易罢休的。方先生赶快回家，迅速离开了上海。

我们很佩服方先生。

## 三 老教授遇到新问题

南京大学中文系，有许多很会讲课的老师，胡小石、方光焘、陈瘦竹等都是。

但是，老教授遇到了新问题。方先生给我们班上课并不太受欢迎。一来，他自己开刀之后，体力不行了；二来，我们班上调干生多，年纪比较大，更重要的还是学习语言专门化，是领导的安排，自己对语言学没有多大的兴趣；第三，他讲的内容太高深，他过高地估计了学生的水平；第四，那是三年困难时期，吃不饱。

方先生上课，逻辑性特强。奇怪的是，学文学专门化的，也有人来听讲，被方先生的逻辑性吸引了。

中文系的人都知道，方先生开的课常常是学期要结束了，课还没有讲完。因为他喜欢：开场白。开场白之前的几句话，绪论之前的必要的交待，交待之前先说一个问题。有人夸张地说，方先生有的课程，学期结束了，绪论还没有讲完。

我们班上的人虽然不很认真听他的课，但是都佩服他的学问的确大。

我老了之后想过，方先生晚年上课效果不佳，也有代沟问题。

老太老头上课，效果往往不如年轻教师的。

## 四 不媚俗

去年五月，在某学校主持博士生论文答辩。

因为论文太专门，有的答辩委员说："建议作者写得通俗点，让大家看得懂。"

我说："不要这样，博士论文是写给本专业专家看的，不是科普读物，不是少儿读物，不需要适应非本专业读者的胃口。"

我说了我的老师的事情：

1962年，方光焘老师在《江海学刊》上发表了关于语言和言语的论文，编辑部转给作者方光焘教授一封读者来信，那个读者说，我是因为你方某的大名才买这本杂志的，但是，看不懂，上当了，受骗了。

方老师对我们说：

“我的文章不是写给你看的，我没有叫你来买这本杂志，怎么是我骗你！你看不懂关我什么事情？”

我们年轻的时候，常常引用马克思的话——

你想欣赏贝多芬，就得有欣赏音乐的耳朵！

所以，我在答辩会上，坚持一个原则：博士论文不可以写成通俗读物！博士学位论文不要迁就非专业人士的口味。

## 五　多疑

窗外，大雪，塞外的大雪，贺兰山下人烟少。

室内，暖气，花儿在开放，新近插枝的，也发出了娇嫩幼芽。

昨天，宁夏出版社的小柳说，为什么人才叫做“人才”？“才”是时间词，刚才的意思，表示的是刚刚出生的幼芽，如此，“人才”者，人的幼芽也。如此，老夫往七十上走，就不算什么人才了。对呀，招聘人才的，首先确定年龄！

这是刚才身在室内，望着窗外白雪时的一点念头。心里突然想到，人老了，就会多疑。俗话说“老小孩”，老人有时就像一个小孩子。

1964年春天，一个下午，我同卞觉非一同去上班，到方先生家的会客室去。我们刚坐下，方先生下楼了，比往常要早。方先生把卞觉非叫到楼上，很久很久，方先生下楼了，叫我去找学生的辅导员，我奉命去了。我带了那个学生辅导员来，他一再问我，方先生找他什么事？按理说，方先生没有什么必要找他的。我反复告诉他，我什么也不知道，这个辅导员上楼去了。

卞觉非下楼了。

卞觉非才告诉我：

有一个学生说，语言和言语的讨论，只有方光焘和高名凯之中一个人死后，才会中止。传到方先生耳朵里了。方先生认为，一个大学生，懂什么？大概，一定（显然）是中文系的什么领导对方先生不满意，是他们这样说的，通过辅导员传到大学生中间去的。

卞觉非是调干生，很会做思想工作。他反复说，绝不是这样的，中文系领导和师生，大家都关心方先生的，这是个别大学生随便说说，同中文系领导绝无关系的。

方先生根本不相信，甚至怀疑起老卞了。

于是提出叫辅导员来对质。

卞要去找辅导员，方反对，他怕卞串联。

卞说下楼叫我去找辅导员来对质，方不同意，他怕卞同我串联。

方先生把卞留在他的书房里，自己下楼叫我去找辅导员来对质，一直等到辅导员上了楼，方先生才让卞觉非下楼。

事实是，不久之后，方先生走了，而高先生在方走后的不久，也走了。

我也老了，想想我们的老师年老之后，同许多老人一样，多疑，也有一点像小孩子了。

中国已经进入老龄化社会，分析研究老年的心态很有必要的。

# 洪诚与方光焘

读者会说,题目应当是:《方光焘与洪诚》。方光焘教授的声望和地位,是洪诚先生不能相比的。洪先生是从中学调到南京大学中文系的,方先生留学日本和法国,著名的创造社就是在他的宿舍里成立的呀!他有三十多个头衔呢!

我的学年论文、毕业论文都是方先生指导的,我一毕业就留在方先生为主任的语法理论研究室做实习研究员,如今人家提起我就说是方光焘的弟子。按说也应当是方前洪后,但是,本文的主角是洪老夫子,着眼点是洪先生与方先生的关系,所以洪前方后也对头的。

洪老夫子被称为“活字典”,他给我们讲授古代汉语和汉语史的词汇史和语法史。他常常在课堂上说:“王力不读书!”他的王力《汉语史稿》上,也有这样的话。王力在《汉语史稿》中说,第三人称代词产生在唐代,引用的是杜甫的诗。洪老夫子说:“王力不读书!”他举出例子是《后汉书·方术传》中:“还他马,赦汝罪。”

洪先生在《南京学报》上发表一篇论文，题目是：《论古代汉语的被动式样》。

这篇论文跟他的《论南北朝以前的汉语中的系词》一样是古代汉语研究中的典范论文。现在，像这样的论文，“多乎哉不多也！”《南京大学百年学术精品·中国语言文学卷》选的是《论南北朝以前的汉语中的系词》，这两篇论文是洪先生的代表作。古汉语研究是实事求是的，运用事实来说话的，例子丰富是古汉语研究成功的基本保证，在这个方面洪先生堪称全国第一人。洪先生常常说：“学习古汉语，重要的是你把古书读懂了，至于名词、动词、主语、谓语，这些标签，并不重要。”

文人相轻，古今皆然。在现代语言学家、理论语言学家方光焘的立场上，洪诚是语文学家，不是语言学家。语文学是前科学时期的东西，语文学不是科学的语言学，方当然不把洪先生当一回事情的。洪老夫子重视的是例子，语言事实，方先生重视的是理论体系和方法论原则。方先生长期是系主任，直接抓语言教研室。洪先生于是只能到写作教研室，去写作教研室当主任。

——其实，运用现代白话文写作不是他老先生的特长。中国社会科学院李荣研究员向他约稿的时候，他是请青年教师许惟贤整理代笔的，论文在《中国语文》上发表后，他把稿费给许，许谢绝了，他买了一支钢笔送给许。“文革”期间，在农场里，洪先生想请假回南京城，写了一个请假条，对我说：“你帮我看看，把个关，帮助修改一下，我重抄了，再给工宣队师傅……”如此的大学者，居然如此如此，可悲呀！那个时代。

在洪先生，这是没有办法的事情，嘴巴上不好说的，尽管心里头自有他自己的看法。

古人说得好：“河水不犯井水。”方先生跟洪先生，本应当如此，各搞各的。一个西洋的——索绪尔、叶尔姆斯列夫；一个

搞中国传统的——章黄学派。但是，方光焘却破门而出了，他写了一篇论文：《关于古代汉语被动句基本形式的几个问题》

拿到中国科学院的《中国语文》上，他是中国科学院的学术委员。方先生在论文中引用了前苏联学者宋采娃，他是没有见到过宋采娃的。八十年代初，宋采夫、宋采娃和他们的学生谢米娜斯（苏联科学院东方研究所研究员）来南京，我陪他们去扬州，晚上在我家吃晚饭。饭后宋采娃到厨房去帮助洗碗，我非常感动，很不好意思。我一再说："我做大学生的时候，就读过宋院士和宋研究员的论著了！"

作为一个中国人，不应当如此，同一个单位的，同事呀，彼此给个面子呀，谁不求谁？低头不见，抬头见！

洪先生是古代汉语专家，北京大学的王力也让三分的，你方某人又不是研究古代汉语，多什么事呢？找什么麻烦？

这是方先生一生中唯一的一篇古汉语的论文。他为什么要写这篇论文，是对古汉语研究负责，一种学术责任感，还是跟洪老夫子过不去？我不知道。

多少年过去了，学术界谁也不来谈论这件事情。

训诂学家们大力赞扬洪先生的这篇论文，绝口不提方先生的反驳的论文，也许他们不屑一顾。他们这样做，是有道理的，古汉语的论著，讲究的是例子，新的例子，丰富的例子。你要反驳洪先生，请拿出大量丰富的第一手的例子来，那我们佩服。然而，方先生的论文，用的例子是洪先生论文中的：鲁酒薄而邯郸围。

反驳者自己没有举出一个反面的例子来。古汉语专家的反应显然是："这是古汉语的论文么？"

方先生的这篇文章，理论语言学界也是不重视的。热衷理论语言学的人，对古汉语的被动句是兴趣不大的。

作为方先生和洪先生的学生，我以为：洪先生的论文是训诂学的典范之作。

方先生想颠覆训诂学的研究模式,从方法论的角度上看,他的论文很有价值。但是,他的目的没有达到。

这正如鲁迅所说,只有从旧营里走出来的,对旧营里非常熟悉的人,攻击旧营里才有力量。方先生不熟悉(或者不很熟悉)古代汉语研究的模式,他想颠覆这个模式,就很难了。章黄学派不是谁个拿西方理论来写一两篇论文就能够打倒的。从方先生的这篇论文看,他是过分相信理论和方法论原则了。其实,理论和方法论原则并不是万能的。

对于古汉语的研究者,其实是可以再读方的这一论文的。就古汉语研究而言,需要不研究古汉语的人,搞现代汉语的,搞理论语言学的,搞外语研究的,来谈谈古汉语研究。外行的话,不可全听,但是听听也有好处的。他们攻不倒古汉语的研究模式的,但是接受一些启发也好的。

方先生批评洪先生的论文,即使可能有某些感情因素,但是,必须承认是严肃的学术论文,是严肃的学术争论,两篇论文都是高质量的。

题目是洪前方后,所以就可以再说一说洪老夫子。

洪先生没有书读,就无法生活。"文革"期间,就只好从早到晚读《辞海》。

在溧阳果园劳动时,吃大食堂。洪先生经常一边吃,一面赞不绝口:"好吃,家里怎么也做不出这样好吃的菜肴来。"有人就说:洪是大书呆子一个,不是美食家——我们中文系,美食家多多!——他食而不知其味。其实洪师母很会做菜的,我们农场的大食堂里的这种东西怎么能够同洪师母做的菜肴相比!洪先生居然这么说……

晚饭之后散步时,我突然想到刘阿斗,做俘虏,居然说:"此间乐,不思蜀",全无心肝。但是,做了几十年的皇帝,居然说，做俘虏比做皇帝还快活，你真的相信么？我是不相信的。即使洪师母做的菜肴不怎么的，洪先生吃惯了，农场大食堂的菜肴也不会很对他的口味的，但是他却一再如此说，是老实人的聪明——你攻击农场食堂的伙食，还得了：反革命！

# “王力不读书！”



一

“王力不读书！”

如果，谁个在北京大学的校园里，这么样说，——“谁敢如此狂妄？”——那，他必将遇到怒目而视，群起而攻之，定然难以下台的。

我是在南京大学中文系课堂上听到的，而且不止一次呢，是汉语史的课堂上听到的，是洪诚教授说的。

课间休息的时候，我们看到他老夫子的那本王力《汉语史稿》上，写了好多个“王力不读书”。

王力是一个读书人，是一个读书特多的人。王力不读书，还能够叫做语言学大师，古代汉语大家？还能够著书立说？王先生著作等身。王力读书多，而且他相信自己的记性特好，写文章，凭记忆，不翻看原书的，《中国语文》的编辑因此很苦，他们来一一核对，记忆总不很可靠的。

1983年夏天，在昆明，云南师范大学校长吴积才教授约我一起陪同王先生夫妻俩，以及他的长子秦教授夫妻俩游玩大观楼，在王先生面前我几乎是不敢说话的。那时候，我暗地里，悄悄地在想洪老夫子的口头禅“王力不读书”。后来在广州，何伟棠教授约王力的孙女(古汉语专家)一同游玩。

我当然知道，“王力不读书”者，不是说“王力根本不读书”，其实说的是王力读书还不够多，王力读书还不够仔细。

## 二

我们洪老夫子身边根本不读书的人，有的是，例如我们中文系的工勤员许邦振——大好人呀！——就是不识字的人，但是洪老夫子绝不会说：“许邦振不读书！”如果洪老夫子这样说了，听者该莫名其妙。

洪老师的学生——我们读书不多，读书不仔细。但是，洪先生也不说“王希杰不读书！”老实说，学生王希杰等还没有资格让洪老夫子来说“某人不读书”呢！

江都人汪中很狂的，他说：“扬州一府，通者三人，不通者三人。通者王念孙、刘太拱与中。不通者称芳、任大椿、顾九苞也。”当时有一个人穿着盛装拜访汪中，请汪中品题。汪中说：“汝不在不通之列。”这人得意洋洋，汪中接着说：“汝再读书三十年，或可望不通矣。”仿此，在洪诚教授眼里，许多人，再读书三十年，或许可以，甚至也难以进入“王力不读书”之列的。

## 三

“不读书”是多义的。一个意思是，真的没有读书。例如：“他是文盲，不读书。”“他太忙，不读书，没有时间。”另一个是读书不多，不仔细，不到家，往往是一种惋惜之辞，绝无轻视对方之意。

洪诚教授是很尊重王力的，是把王力当作古代汉语第一人。王力之外，更不读书——读书更少，更不仔细——的人，洪老夫子反而不说他们不读书。所以，洪先生的“王力不读书”是以肯定、赞扬为其批评的前提。

武侠小说中，高手是不愿意同无名小辈交手的。哪里有大学问家居然在马路上同一个小瘪三争论学问的呢？——太丢面子！同高手较量，那才有意义，值得。

## 四

连王力，都有人（洪诚教授）敢于说“王力不读书”。那么，我们还敢于自称“读书人”，还敢于自居为“博览群书者”么？

中国的书，天下的书，太多了。读书人，谦虚点儿好。

（中国某现代名人，曾经感叹：书都读完了，没有书读了，我不苟同。）

# 陈独秀给黄淬伯的信

南京大学中文系，有一件“镇系之宝”，这是前总支书记朱家维同志最得意的，谈起来就眉飞色舞。

这宝是黄淬伯老师家属捐赠的，老朱说，学校里要，中央有关部门来要，他都坚决不给，他强调：家属是捐给中文系的。

南京大学一百周年校庆的时候，中文系复制若干件，每个教师一件。

黄淬伯老师的这个条幅是陈独秀写给他的两页信：

淬伯先生左右：金陵别后，已三年矣。日前曾致函吴子馨兄，询先生踪迹，尚未得复，顷得敝同乡方孝博兄书，知大驾近在渝州，闻之大喜。拙作《韵表》闻先生已阅及，希评赐指教！章黄之徒以其师但官阴阳对转，且云除缉盍外古无入声，遂以阴阳与入亦可对转为疑，更不信互用之说。鄙意以为独闭口韵有入声，他别无之，殊难解释；方言及后世音变既可对转，何以当时不能互用，亦难解释；旧派学者，本自读书不求甚解，殊不能满足吾辈求知之欲望也。又如依许书形声之说，同一牛也，而牝牡无分矣；同一心也，而忠恶无分矣。此何故耶？自来亦不求甚解也。太炎《文始·序例·庚》，驳王子韶"右文说"，引"农无厚义"，"支无倾邪义"为词；然不知"农"之引申义（如《洪范》"农用八政"传）有"厚"；"支"字本象手持口（此字为篆文）；即枝字之初形。枝分歧枝、枝条，自有倾邪之意。其所以强为之词者，徒以惧六书残为五耳；六书之说始于汉，东汉初班固尚无，形声说，此亦太炎好古而不求甚解之过也。狂妄之见，尚乞有以教之。

训丹兄现在何所，先生倘知之，希赐示知！

此祝

教安！

弟独秀手启三月二十九日

信头一句说"金陵别后，已三年矣"，指的是黄淬伯老师曾去南京国民党监狱中探视过陈独秀。信的内容是同黄淬伯讨论音韵学。信中说到的《韵表》指的是陈独秀的长篇论文《古音阴阳人互用例表》，已收入中华书局出版的《陈独秀音韵学论文集》。

陈独秀的两页信裱在条幅的中部和下部。黄老师自己用小楷录正的此信裱在条幅上部。黄老师还请胡小石教授题署的《陈仲甫先生论韵遗墨》九个大字裱在右上方。并请陈钟凡教授作的题跋，竖写七行。黄淬伯老师裁开，分右三行左四行裱在陈独秀原信两侧。黄淬伯老师把陈独秀一封普通书信精心设计裱藏着，条幅：长八十厘米，宽三十厘米。可见他对陈独秀是很推崇和很尊重的。

这是珍贵革命文物，也是宝贵学术文献。

# 黄淬伯老师

黄淬伯(1899年——1970年)江苏南通人,著名音韵学家。

黄淬伯老师教我们音韵学和汉语史的语音史,语法史和词汇是洪诚老师讲授的。

我们班上调干生多,学习语言学(分到语言专门化)是服从组织决定,政治任务而已,其实自己对语言学兴趣不大的。词汇具体,听听还有点味道。洪老夫子说:司马相如穿着犊鼻裤,当炉卖酒,犊鼻裤是什么?犊鼻裤者,三角裤也。如此,司马相如是打赤膊,穿三角裤,在卖酒的,旁边就站着美女——真的美女!不是今天报刊上的贬值了的“美女”——卓文君。这话我们是至今还记得的,我已经是“奔七”之人了。

对黄老师,我听课之前,就知道他最得意的事情,高年级同学说的。果不其然,黄先生上课时候,对我们说,当年他跟王国维老师做研究生,同学中有王力。他们七八个研究生的作业,黄先生是“甲”,三个圈;而大名鼎鼎的王力只是第三。黄老师让我们看了这张成绩单的照片。我们许多人都看到过,绝对真实，确有其事。但是，适得其反，有的同学不但没有因此佩服尊敬黄先生，反而瞧不起他，反而笑话他。是的，“好汉不提当年勇。”关键是你后来，现在不如人家王力！你现在说这事儿，就跟阿Q一样了：“我们过去比你阔！”

二十世纪已经成为历史，我们不得不承认：黄先生的作业是《慧琳一切经音义反切声类考》，的确是非常了不得。他的《慧琳一切经音义反切考韵表》和《唐代关中方言音系》都是二十世纪汉语音韵学研究中的精品。

黄淬伯老师在南京大学中文系不是很得意的，职称上不去。据说他有点不平，有些牢骚。这是很正常的。他在学术上已经达到如此高度，却得不到应有的承认，为什么不可以发一点儿牢骚呢？

据说黄先生说，他是挑馄饨担子的，是独来独往的。

我做大学生的时候，当助教的时候，晚上经常吃馄饨。晚上九十点钟，我跟同屋的研究生陆学海一同出南校门，在珠江路口，在馄饨担子前吃馄饨。那时候，我偶尔也会想到黄先生的“馄饨担子”的比喻，但是不理解的。现在明白了，他的这个话的意思是，他没有后台，他不拉帮结派，他独来独往，他埋头做学问，他自力更生，所以才如此如此的。

在我们的高等学校里，黄淬伯老师这样独来独往挑馄饨担子的学者，过去和现在都是吃不开的吧。

黄先生给我的印象最深刻的，对我的影响最大的，是他的推崇明代大学者方以智的《东西均》，他赞成方以智的“一分为三”。

音韵、文字、训诂，我起初很感兴趣，但是，大四师从方光焘老师（学年论文、毕业论文的指导老师）之后，就逐步淡化了一些。但是，我记住了他在课堂上说的话：他以后不再研究音韵学，他将研究哲学。他要研究明末大学者方以智。方以智的

《东西均》是伟大的哲学著作。方以智主张“一分三”,是非常了不起的,非常伟大的。我记得非常清楚。

当时,有些同学只是当作闲话,听听而已。甚至觉得,他胆大妄为——伟大的领袖主张“一分为二”,你居然敢“一分为三”。“文革”期间,我们没有就此揭发、攻击黄先生反对伟大导师。我同黄先生一同在农场劳动,一同学习毛主席的“一分为二”的伟大哲学思想,彼此都不提“一分为三”的。

“文革”之后,阅读方以智的《东西均》,才感到黄先生的了不起。后来看到我们同乡人大学者庞朴提倡“一分为三”,阅读庞朴校注的《东西均》,我非常敬佩黄淬伯教授,有哲学眼光,了不起的呀。

# 吴大猷：先生和院长

1983年12月，庄因先生在在台湾《益世》月刊上，发表了《从“先生”的“博士”——吴大猷当选中央研究院院长有感》一文。他所提出的现象和问题是很值得大陆学术界、高等教育界注意和重视的。

文章中说，吴大猷当选中央研究院院长之后，有记者访问——

当一位记者向“对新增的中央研究院院长头衔似乎没有半点兴奋”的吴氏“小心翼翼的”喊他一声“院长”时，吴大猷先生蓦地脱口而出：“我最恨叫什么长！官场！我听着肉麻。尊敬我，叫我吴先生就够了！”

庄因先生赞叹道——

吁嗟伟乎大哉吴氏之言！“官场”二字出自一位有尊严傲骨，才学，兼备，只知道工作而心无旁骛的学人之口，其疾恶如仇，其铿锵有声，真是“铁骑突出刀枪鸣”。这样的快人快语，也正道出了当今学术界、高等教育界确被政治污染的严重性。吴先生这一招读书人对于“清白”所作的洁身自好，读来真令人鼻酸，“尊敬我，叫我一声先生就够了！”这已近于“哀求”了。问题就在我们的学术界、高等教育界热衷官场，爱听肉麻阿谀，要过官隐，不知自尊的学人太多了。吴大猷先生已经感到势孤力单，只能独善其身了，于是趁着刚当上院长的声势，鼓了勇气，老迈的喝一声，已泄了心头之恨。

庄因先生说的是十三年之前的台湾，那么现在的大陆学术界，高等院校，情况怎么样呢？“爱听肉麻阿谀，要过官瘾，不知自尊的学人”有么？多么？像吴大猷一样，恳求别人“尊敬我，叫我吴先生就够了！”的领导人有么？多么？我们没有做过调查研究，不能下结论。只能笼而统之，含而糊之地说，这两种人在大陆都是有的，而且是前者多而后者少。你如果不叫“某校长”，而说“某先生”，那校长肯定是大大的不快活，很不高兴你的，你就别想办成你的事情了。甚至有的人，恨不得把他的官衔、行政级别全都刻在自家的大脸上呢！

# 胡裕树教授的幸与不幸

最后一次去看胡裕树教授,临出门时,他拿钱给宗廷虎、陈光磊教授,要二位代替他请我吃午饭。我说:“中午饭,你就别管,难道在复旦,我还能没饭吃?”

在门口——他已经不能出门了,他拉住我的手,连连说:“希杰,我以后再也见不到你了!我再也见不到你了!”

我一再说:“怎么会呢?我还要来看你的。”话虽然这样说,心里却非常伤感。暗暗盘算着何时再来看看他,但那的确是最后一次了。

对于胡先生,我常常想:胡先生是幸运的,但他也是不幸的。

说他幸运,因为他是方光焘教授的学生——他一边喝酒,一边对我说:“我不是方先生的学生,是他的助教。做他的助教,常常在他家吃饭,方先生爱喝酒,陪他喝酒,我就学会了喝酒。”——他被公认是方光焘的大弟子。也因为他在复旦大学工作,是陈望道校长的学术助手——我想可以这样说的吧?

一个人同时得到两位大师的赏识，还不非常幸运么？中国语言学研究有南派和北派之分，南派创始人就是陈望道和方光焘。如此，他是南派两个大开山者的希望，理所当然的接班人。胡先生的好朋友、终生合作者张斌教授的研究生、已故的陈炯教授是把胡、张二位当作南派第二代代表人物的。胡裕树是陈、方两位大师之间的纽带，也是复旦大学中文系和南京大学中文系之间的桥梁。

陈与方在学术上是有共性的。他们都是浙江人，一个义乌，一个衢州。他们都留学日本，都是在日本通过小林英夫的日译本索绪尔《普通语言学教程》走向现代语言学的，都是索绪尔在中国的最早的宣传者，在三十年代文法革新的讨论中，他们一同引进了索绪尔学说。

但是同中有异：一个重点在修辞学，一个全心关注语法理论。在语法学方面，一个主张形态——倡导“广义形态”说，一个主张功能说。两位大师对学问都那样认真，因此，见面就要争论学问。

陈和方争论学问，这很好，但这就苦了我们的胡先生，你叫他怎么办？

胡先生说，1962年，陈校长到南京大学讲学。他陪陈和方游中山陵，两位大师争论起来，“形态”和“功能”对阵。

陈问：“胡裕树，你是什么意见，说！你站在哪一边？”

方道：“胡裕树，今天你说清楚！学术问题，不能含糊的！”

胡先生还玩什么中山陵？

如果胡先生研究修辞学，那还好，方先生不搞修辞学，也不关心修辞学。麻烦的是他研究的是语法学，两位大师，一个“形态”说，一个“功能”说，他讲课和写作都得留神两面兼顾，这就必然妨碍了他个人聪明才智的发挥，这就是我说的胡先生的不幸。

在我同胡先生的相处之中，我着实感受到他在做学问方面的种种顾虑。胡先生是学术大家,功成名就,但是我常常想:如果他少些顾虑,成果必将更加不可限量。

# 忆沈谦教授

2006年1月2日,台湾修辞学家沈谦教授不幸去世了。有年轻学者一再打电话来,善意地提醒我:应当尽快写悼念文章,台湾方面要编辑纪念文集的。我回答说:不写,写不出,沈谦教授在我的心中。

一年后,沈夫人邮来了她编辑的《沈谦先生纪念文集》,封面上是我的老朋友、好朋友沈谦,我的唁电在最前面,我不得不相信他真的走了。

沈谦是台湾最优秀的修辞学家之一,他的著作非常多。例如:

《中国的小说》(1971年)、《书评与文评》(1975年)、《文心雕龙批评论发微》(1977年)、《期待批评时代的来临》(1979年)、《文心雕龙批评方法探究》(1981年)、《文心雕龙之文学理论与批评》(1981年)……

大陆出版的好像只有一本,那就是《语言修辞艺术》(中国友谊出版公司1998年,45万字,541页)。这其实是他在台湾空中大学讲授修辞学的教材，台湾本是1995年出版的，685页。这本教材共二十四章，讲了二十四种修辞格，平均每个修辞格用了一万八九千字的篇幅，大陆读者只能从这本书里认识沈谦教授了。

沈谦教授是江苏东台人。他穿梭于两岸之间，为两岸学术交流倾注了所有的精力。他对大陆学者的关心爱护，是真正的无微不至。有时候，我感觉是太“过分”了，没有必要的。他对朋友的那个好，是我所见到的人中唯一的一个。

沈谦博士是修辞学家，也是修辞家，是讲演家，口才一流，而且语音标准——不像我南腔北调的，是一个出口成章、妙语连珠的人。他的许多话我是一再引用的。例如：

> 中华民族有两大绝活：第一是美食；第二是美辞。
>
> 话越多，地位越是低下；话越是少，地位就越是高。

面对着沈谦教授的论著，沉浸在十多年交往的回忆中，扬州、徐州、澳门、台北、黄山……

在扬州，一个会议的开幕式上，我说：“闭幕式现在结束。”他从主席台站起来，阻止大家退场，他指出我的口误，送我一联：

> 人还未老，却已昏庸。
>
> 然后慢慢地说出下联：
>
> 不糊涂处，绝不糊涂！

在黄山，他说：“一经我眼，即为我有。”

在澳门，他对我说：“得饶己时且饶己。”妙呀！凭这句话，沈兄就可以当诸葛亮的老师了。

我的心中有一个声音:我应当为他写点文字了,在书面上同他对话了。可是此刻我只能说一句话:沈谦,你是一个大好人,你的书也是好书。

# 忆倪宝元先生

## 一

除夕上午，心血来潮，变动了我的小书房——也是除旧之意，但却没想到过“新”——，结果是到了中午，天下大乱了，真是牵一发而动全身，这个世界上真的没有孤立的事物，一切的一，一的一切全都处在相互联系和制约之中，辩证法真灵。下午开始整理，一直到晚上，就是所谓的除夕夜，才有点儿样子。但是，还只是万里长征才走了第一步，我真后悔，我真傻，悔不该当初——

在淡淡的不快之时，突然间发现了一封信，信封上写着：“杭州体育场路杭大宿舍14——301”，其实，一看那字，就知道是他写来的，于是心潮如涌，小心翼翼地取出信纸，只有一页，用的是杭州大学文学院的信纸，时间是2000年1月7日。

信中写道：

希杰兄：

贺卡收到，十分感谢您的美好祝愿，但愿2000年比1999年过得更好！

1999年，对我是凶年，5月份我患胃癌，亏得发现早，救治得力，才转危为安，化险为安，化险为夷，总算“万幸”，现在已过了七个多月，死去活来，谢天谢地，身体基本上康复，请勿念。

9月，我还在化疗期间，我写了一篇稿子给《中国语文》(编辑来信刊用)。一是想试试自己的体力脑力恢复到什么程度，一是想让关心我的人(已经不少人知道我患重病)知道我还活着（一笑)(这是私房话，只跟好朋友说说)。

我的学生喜欢修辞的(如张宗正、潘晓东)都对您十分佩服、仰慕。天下仰慕您的人何其多也！

前些日子，潘晓东告诉我，您给他的书稿还没有交全，他说他不好意思催您。

世纪之际，祝

您永远拥抱春光，春光永远拥抱着您！

倪宝元上

2000—1—7

这好像不是宝元教授给我的最后一封信。

二

宝元教授给我的新年贺卡中，我的印象最深的是有一年，他寄来的贺卡上，写的是：“福到长寿！”妙的是，那“福”字是倒着写的，那“寿”字写得很长长很长——我学习他，从那以后，凡是给年长于我的人祝贺新年的时候，“寿”字都写得长长的。

更妙的是下面的签名:“元宝到了!”他叫“倪宝元”,现在倒了个顺序,成了“元宝”——金钱,现在是金钱第一的时代呀!他在同我开玩笑呢!修辞学上这叫做“倒序”。关键在于这有一个小小的秘密。老朋友浙江湖州师范专科学校的校长徐青教授(我真不知道他和我如何成为老朋友好朋友的,他是北京大学的学生,搞的古代汉语,是诗词格律学专家,同我似乎是风马牛!),有一次悄悄地对我说:你知道吗,浙江人叫倪宝元为“倪元宝”。(因为著作太多了,稿费多!)你可别对他说呀,他会很不高兴的。然而,我真是个口无忌讳的人,有一次,居然我对宝元先生说:“人家叫你元宝哎——”他愣住了,我就不好意思再说了,马上换了个话题。我想,当他给我写这张贺卡的时候,他一定想到了我这个小朋友的口无忌讳时的那次谈话了。他在向我表示:我是不计较你的口无忌讳的,我不生气。我就来个双关吧,我就是“元宝”送你一点“元宝”!这是所谓的倒序,也是绝妙的双关语,还是文学描写手法的“影射”,提示我他虽然“廉颇老矣——”,但是,不但尚能吃饭,还记忆清晰,而且还有闲情来开玩笑呢!更重要的是他有雅量,是不计较那次的冒犯的,人生中的一笑而已!真不愧为“一代修辞学大师”!

这一次,他还是那么的雅兴——“您永远拥抱春光,春光永远拥抱着您!”。记得,他曾在信上赞美我的著作都有个好名字,特别是《美的语言和言语的美》(回环格)。他不满意于他的即将出版的《成语九章》,说是像数学著作,可想不出好名称,希望我帮助想一个,可我也想不出来。后来收到他寄来的《成语九章》,却想,这样也很妙的呀。

## 三

我的老师方光焘先生是浙江衢州人，所以那里的语言学会成立大会及年会只要请我,我都去。那次我一到衢州,宝元在等我,他说:我知道你来,才来的。他们要给我单间,我拒绝了我要同你合住一个房间。那次,同我商讨《语言学和语文教育》的编写计划。我当然是全力支持的。记得1989年,宝元坚决地邀请我去参加华东修辞学会的年会,他是会长。我去了,在去龙虎山旅游的途中,他要我帮他设计《大学修辞》的方案。

那次会后,他知道我将在杭州小停,就说:你何必住旅馆,还要自己忙饭吃,就住我家,住我的书房,老太婆(好像是这个词)给你做饭,多省事,我同意了。住在他的书房里,吃他老伴做的饭,真好吃。想起来真不好意思,我,还有我的学生(本科生和研究生,例如:徐晓红、朱少红、周日安、郭水华等)都在宝元先生家吃过饭,喝过酒。

就是那一次,他对我说,因为他每天把自己关在书斋里整整六个小时,还不准小孙女去打搅,虽然他是那样喜欢小孙女,老伴和孩子们就都对他说:不愁你吃,不愁你穿,多休息休息吧!别再搞什么学问了!图什么呢?!他对我说:"要我不搞学问,那不是要我死吗?!我搞学问,不是为的吃和穿,也不是为的名声,为的是活着,我要用我的搞学问来证明我还活着,搞学问是我的生存方式!"

那时,我看着(何必去寻找其他的词语呢?)他,什么话也说不出,而他似乎也并不等着我说什么。这番话深深地震动着我,使我永远也忘不了。我不知不觉地接受了他的影响,即使除夕之夜,新春第一天的早晨,我都是在忙着读书和写作,这是我的生存的一种方式。宝元的话常常回响在我的耳边:不工作,不就等于死么?!

在这封信上,他说:"一是想试试自己的体力脑力恢复到什么程度,一是想让关心我的人(已经不少人知道我患重病)知道我还活着(一笑)(这是私房话,只跟好朋友说说)。"这使我想到了那次的谈话:一个高大的人,真正大写的人,就这样一来耸立在我的身边,永远永远地——

我那次住在他的书房里,不但吃了可口的饭菜,还喝了家制的杨梅酒(我也学会了制造杨梅酒的方法)。我感谢他的夫人,我是早在1981年春天华东修辞学会首届年会期间首次到他家吃饭时就认识的,她是医生。但是,那次我的印象最深的是他的小孙女儿,我们一同玩得很开心。中国人的子女观念最深,我相信他的子女都是大有前途的,但是,并不是"钱途"。

那次,他陪我去买汽车票,送我上汽车(去湖州徐青、俞正贻教授请我去讲学)。那天,正下着大雨,他打着伞,一个人送我上汽车——

这个学术老人在雨中的背影,永远地留存在我的记忆中——

## 四

现在,他走了,一位修辞学大师去了。为这一代宗师送行,我匆忙地写了《学习倪宝元教授的修辞学遗产,开创新世纪汉语修辞学的新局面》(《修辞学习》2002年1期)。

我想,我应当尽快认真地写出一篇文章,全面地总结一下他的学术成果。但是又想,宝元信中不止一次说过读我的文章是一种享受,恐怕不是指这一类学究式的论文吧,主要指随笔小品之类。

如果人真的有灵魂,我愿宝元在这个春节的早晨阅读我的这一短文能够会心一笑。

# 周钟灵老师

一

我读大学时，南京大学学生如数家珍地说出自己的老师，他们是化学系高济宇、戴安邦；外语系范存忠、陈嘉；历史系韩儒林；中文系胡小石、陈钟凡、汪辟疆、方光焘、罗根泽……他们是中文系乃至南京大学的骄傲。周钟灵等老师，是排不上号的。但是，周钟灵教授其实是南京大学中文系里独树一帜的人物。

周先生是中央大学哲学系毕业的，那是在重庆。他告诉我，每天下午，到郊外的茶馆里喝茶。晚上，拖着影子回学校，拿着一根棍子。他是语言教研室的教授，讲授的是语言学课程，也是从哲学转向语言学的。方光焘老师眼界特高，瞧得起的人，是不多的。但是，方先生很看重周先生。原因是，周先生知识面广，懂多种外语，英语特好。他有哲学头脑，思路严密。不过，方老师不满于周先生的不求上进，有点儿懒散。中文系的人普遍认为，如果周先生努力刻苦多做学问，不得了的哎。

周钟灵老师是江苏溧阳县人。谈起溧阳来，眉飞色舞，他告诉我，溧阳有三大特产：黄雀、青鱼、白虾。其实，溧阳的竹海是更令人赞叹不已的，身处溧阳竹海中，明镜子何处染尘埃？



## 二

大二时，周先生给我们班讲形式逻辑。好玩的是，上课的那天早上，我们宿舍的一个同学，找不到周先生编写的讲义了。忽然醒悟：哇，前几天卖旧书旧讲义，卖了。

周先生的形式逻辑课，不能吸引人。原因是不生动活泼，枯燥无味。总是那几个例子："我是中国人。花是红的。人是要死的。"甚至，我们看到周先生就想起"我是中国人。花是红的。人是要死的"。

大四时，周先生给我们班上《马氏文通》研究课，效果很一般。引不起学生的听课情绪。但是，有一个好处，不但没有一个不及格的，分数普遍都很高。"文革"之后，我担任语言教研室主任，我对周先生说："你上形式逻辑，讲《马氏文通》研究，开古代汉语或现代汉语，效果都不好。你是我的老师，学生不爱听，领导不高兴，我也为难。我看，这些课，你都不要上了。你讲授老庄研究与佛学研究，我包你成功。现在，很热。而且只有你能开这种课程。你第一学期讲老庄，第二学期讲佛学。"

于是大获成功。

周先生高兴地对我说："我上课从没有这样成功过，走廊上也是学员，总支书记坐在第一排，大家那么认真地听讲，真高兴。"

他告诉我，学生只要把《道德经》认真抄写一遍，他就给一个好的成绩，我同意了。他对我说，这么多学生的作业，虽然不少是东抄西抄抄来的，但是也要一些值得注意的观点，他保留着，慢慢思索。可惜的是，那时候我自己的课程多，家务事多，周先生讲授佛学与老庄,没有时间去听讲。

## 三

周先生是学哲学的。他最感兴趣的是希腊哲学,唯心主义哲学。他随时都带一本小本子的希腊哲学书,他英语非常好,他懂德文、拉丁文、希腊文。许多时候,他独自旁若无人的自顾自地看他的唯心主义书籍,当然全是外文本的。那个时代,中国是基本不出版唯心主义者的著作的。而且是袖珍本的,方便携带。

他对我说过,唯心主义哲学真的是鸦片,能上瘾的。吃晚饭时,孩子淘气,饭后,抓起唯心主义哲学书,一看,全都忘记了,沉浸在唯心主义哲学之中了。许多大小会议,他显然是沉浸在唯心主义哲学书籍之中了。

但是,需要他讲话时,他也能够讲到点子上,反而认真听的人还没有说到点子上。这是因为他是哲学头脑,善于抓住概念。他对我说过,人们争论不休的时候,他没有注意人家的面孔和衣着,只是注意关键的概念。现在看来,周先生的头脑里,最重要的是关键词。

"文革"期间,他告诉我,在红卫兵到来之前,他主动烧了《肉蒲团》,害怕惹事儿。但是唯心主义哲学书是一本没有烧。他说,红卫兵反正看不懂的。

## 四

中文系的人都说,周先生学问上是法家,生活上是道家。

周先生研究的是《韩非子》。他的专著《韩非子的逻辑》,人民出版社1956年出版的。逻辑严密,文笔简练。他的《韩非子》新注本,中华书局准备出版了,但是"文革"快到了。中文系杨咏祈副主任到北京,从中华书局拿回了书稿。回来之后,人们认为他不应当拿回来。

"文革"期间，大搞评法批儒，江苏省组织一个很大的《韩非子》评注组。中文系贡献出周先生的注释本，作为[illegible]材料。江苏省的评法批儒成果是吸收了周先生的多年的研究成果的。我以为，周先生的《韩非子》注释本还是有出版的价值的，那是他多年的心血。

生活上是道家，说的是周先生生活上要求很低，很随便，马马虎虎。抽的是一角钱、甚至几分钱的香烟，气味很不好闻。但是一天两三包，一支接着一支地抽。为了安排课程等事，我到过他的青岛路的家，也到过他的渊声巷的家，不但简陋，而且很乱，或者说是脏。因为没有了师母——年轻时参加过三青团，"文革"初期自杀了。

在溧阳农场，他的帐子拖了下来，只能钻进去。我们多次建议他挂高些。他回答说："不用的，钻进去，就行的，反正一样睡觉。"现在我后悔，那个时候，我们可以帮他挂挂好的呀。

中国社会科学院语言研究所《中国语文》的负责人陈章太，请我介绍一个作者写纪念马建忠的文章，我推荐了周先生。陈先生收到文章之后，对我说，文章不行，怎么办？我说，问题出在周先生不当一回事，他一定能写好，我再去找他。我对周先生说：《中国语文》约稿，你不能这样马虎！重写。认真，也为南京大学！他没生我的气，重写了。文章发表之后，得到了好评。周先生后来对他的研究生李开说："我的文章都是老王逼出来的。"

周先生，不求名，不求利，随遇而安。对上不吹拍，对下和颜悦色，他总是喊我这个学生为"老王"。如果说，对方光焘、胡小石等，我是仰视；对周先生，我是平视。周先生很随和，同他在一起，双方都很随便，无话不可谈。

周先生的生活非常简单，他的物质要求欲望很小很小。从不患得患失，从不同人争执。他毫不在乎他人对他的评价。世界上的一切仿佛全都不在他的心上。

我觉得周先生是我所见到的人中，生活得最快乐的一个人。

他是我一生中所遇到的唯一的一个“八风不动”的人。

周先生是一个杂家，融中外古今为一体，集儒、道、佛、法在一身。

## 五

记得周先生曾很高兴地告诉我，他的女儿在山西路百货公司，是一个什么长了。所以每次到山西路百货公司，我就想起我们的周先生。

# 第六辑　吃出的文化

# 晒不死的马齿苋

一

晚饭后，同老伴去散步，惊讶地发现，北方民族大学的校园里，校园附近，有许多马齿苋。就顺手采集，回家后，用开水一烫，放在门前，晒。邻居们很奇怪，因为他们不吃。

小时候，妈妈采许多许多的马齿苋，也叫马齿菜。用开水一焯，放在院子里，晒。姐姐帮妈妈干活。我看热闹，还喋喋不休地问，我妈很耐心地回答我。天下的母亲对子女都是非常耐心的。

——为什么要用开水烫，直接晒多好。

——直接晒，是晒不干的。

——为什么晒不干？多晒晒不就干了么？

——多晒也不行的，马齿苋不怕晒。

——为什么？

——太阳是马齿菜的外孙子，马齿苋是太阳的舅舅。

——为什么马齿菜是太阳的舅舅？他们一个在天上，一个在地上！

——因为，那是很久很久之前的事情了。那时候，天上有十个太阳，一个太阳人们就受不了啦！何况是十个呢！

——那，人不就要热死了？

——有一个大英雄，叫做后羿。他会射箭，他拉开弓，对准天空的一个太阳，嗖地一箭，那个太阳被射死了。他又拉开了弓，嗖地又是一箭，又一个太阳死了……

——我知道了，后羿又拉开了弓，嗖地又一箭，又一个太阳死了。

——真聪明。后羿一连射了九箭，九个太阳死了。最后一个太阳害怕了，到处逃命，他找不到地方可以躲藏。是马齿苋叫太阳躲藏在自己的叶子下面，才保住了太阳的命。太阳是知恩图报的人，他绝不是忘恩负义的无耻小人，他就认马齿菜为自己的舅舅。马齿苋很高兴有太阳这个外孙子。你想，哪里有外孙子同自己的舅舅过不去的？

当我上学读书后，我不相信我妈的话了，认为那是迷信。再后来，我读大学了，学习了民间文学和民俗学，才又想到我妈没有错，不是迷信。这是我妈的妈告诉她的，是世代相传的，这里面有很深的学问呢。

## 二

再后来，我老了，有空闲时间了，我才知道：马齿苋，又叫做五行草。因为，叶子是青的，根子是白的，梗子是赤的，花朵是黄的，种子是黑的。那么，按照五行对应表，就是：

| 木 | 火 | 土 | 金 | 水 |
|---|---|---|---|---|
| 东 | 南 | 中 | 西 | 北 |
| 春 | 夏 | 夏 | 秋 | 冬 |
| 青 | 赤 | 黄 | 白 | 黑 |

苍龙　朱雀　黄龙　白虎　玄武(乌龟)

……

在汉语中,马齿苋还有许多异名。我们江苏人也有称他为地马菜的,福建人则叫它猪母草;贵州人说是酸味菜,山东人叫他马踏菜,还又叫做安乐菜、酸苋菜、长寿菜的。福建人居然叫做猪母草！它到底是菜,还是草？其实,不需要太认真的,菜就是草,是能吃的,好吃的草！人不吃的草,羊们兔子们吃,就是羊兔们的菜！当然认真也是必要的,看看权威的《现代汉语词典》吧——

菜　能做副食品的植物。

草　高等植物中栽培植物以外的草本植物的统称。

如此看来,菜不全是草,草也不全是菜。

我记起来了,其实我们家乡人也不吃马齿苋的,只有我们家吃,而且是大量地吃,往往夏天要晒上一笆斗——我家的笆斗上写着“三槐堂”三个字——马齿苋干子。春节包马齿苋的大馒头,——我的家乡的馒头有不带馅子的和带馅子的两种,特别大,带馅子的其实是大大的包子。春假时候,家家都蒸大量的馒头。春天里来个马齿苋烧肉——真好吃,我现在想到它就流口水呢。

我们家喜欢吃,大量吃马齿苋,大概是因为我的祖父是一个中医,他一定读过《本草纲目》,——他指导学徒,办过中医培训班,不读《本草纲目》,怎么行？——你看,《本草纲目》上写道:“马齿苋处处原野生之,柔茎布地,……人多采煮晒之为蔬。”原来我家的吃马齿苋是很传统非常正宗的呢。但是我们的很传统非常正宗的吃马齿苋,得到的却往往是惊诧、怪异的眼光，似乎是离经叛道，是另类。这就如同当时人对待屈原的高帽子那个样子。



## 三

其实，小时候，我们都看过《西游记》，作者吴承恩是咱淮安人，他就吃过马齿苋。你看他在小说中是这样写的：

八戒道："樵哥，我见你府上也寒薄，只可将就一饭，切莫费心大摆布。"樵子道："不瞒老爷说，我这山间实在寒薄，没什么香蕈、蘑菇、川椒、大料，只是几品野菜奉献老爷，权表寸心。"八戒笑道："聒噪，聒噪。放快些儿就是，我们肚中饥了。"樵子道："就有！就有！"果然不多时，展抹桌凳，摆将上来。果是几盘野菜。但见那：

嫩焯黄花菜，酸齑白鼓丁。浮蔷马齿苋，江荠雁肠英。燕子不来香且嫩，芽儿拳小脆还青。烂煮马兰头，白熬狗脚迹。猫耳朵，野落荜，灰条熟煮能中吃；剪刀股，牛塘利，倒灌窝螺草斗荠。碎米荠，莴菜荠，几品清香又滑腻。油炒乌英华花，菱科甚堪夸；蒲根菜并茭儿菜，四般近水实清华。看麦娘，娇且佳；破破纳，不穿他；苦麻台下番架。雀儿绵单，猢狲脚迹；油灼灼煎来只好吃。斜蒿青蒿抱娘蒿，灯蛾飞上板荠荠。羊耳朵，枸杞头，加上乌蓝不用油。几般野菜一餐饭，樵子虔心为谢酬。

呀！统统的绿色食品哇！匆忙之间，居然拿出这许多野菜来！真真美死了猪八戒了。看来，吃马齿苋，是淮安人的传统。

吴承恩家在明清天下第一镇的淮安河下镇，那里有许多名医，他们熟读《本草纲目》。河下人吴承恩爱吃马齿苋，就算理所当然的了。

# 汪辜会宴

## 一　菜肴名称

大陆汪道涵设宴招待台湾辜振甫，不是满汉全席，只有九道菜，九九归一。

菜肴不是“麻辣烫”或者“龙虎斗”，也不是“佛跳墙”，更不是“霸王别姬”。煎荷包蛋，油炸臭豆腐，清蒸河豚鱼之类，绝对不在考虑之中。

这九道菜肴是：

第一道：情同手足（乳猪与鳝鱼片）
第二道：龙族一脉（奶酪龙虾）
第三道：琵琶琴瑟（琵琶雪花膏）
第四道：喜庆团圆（董园鲍翅）
第五道：万寿无疆（木瓜素菜）
第六道菜：三元及第（三种海鲜）
第七道菜：燕语华堂（官燕炖双皮奶）

第八道菜:兄弟之谊(荷叶饭)

第九道菜:前程似锦(水果拼盘)

他们吃的不是菜肴,不是营养和卡路里,吃的是菜肴的名称。中国菜肴世界第一,中国菜肴的名称也是世界第一。

这九道菜肴的名字,连接起来,就是——

你我“情同手足”,
本同是“龙族一脉”。
今夕里“燕语华堂”,
听:“琵琶琴瑟”和鸣,
谱一曲“喜庆团圆”,
祝君健康——“万寿无疆”。
想我两岸,“兄弟情谊”,
中华民族——“前程似锦”,
前头路却似——“三元及第”!

真的是一篇绝妙好辞。

谁说吃饭就只是吃饭?吃的是我中华文化!谁说中华饮食文化只是填肚皮?菜肴就是政治,就是大块文章。博大精深的传统文化中的菜肴文化也是博大精深的。

## 二 实物传情

据说古代希腊少女把自己的头发送给人,就是以身相互许的意思。这叫做事物传情。这种事物传情,是全世界各个民族都出现过的,现在也都还流行的。

汪辜会谈之后,汪道涵赠辜振甫一个竹筒,辜振甫回赠一笔筒。

汪先生送的竹筒是装筷子用的，叫做“快筒”。“快筒”者，尽快统一也。辜先生回赠的“笔筒”，是“必然统一”、“一定统一”的意思。

这种实物传情。早在《诗经》时代就出现了，青年男女相互赠送木桃和木瓜。今天也很盛行，洋节日情人节送玫瑰花，使商家大发其财。

《三国演义》上的武乡侯诸葛丞相送司马懿一身女式服装，也是食物传情——别一样情。

突然走神，胡思乱想起来：司马懿大人如何处理那身女人衣服的？这是一个问题，值得认真考证一番，可以作博士学位论文的题目，一定吸引眼球。

（参阅：《参考消息》2008年4月29日；《香港商报》2008年4月28日文章《风雅议共识汪辜成绝唱》）

# 天鹅

## 一 吃天鹅肉?

我们的词典上竟然这样解释"天鹅":"天鹅,肉可食"可笑而可悲。

可笑者,我们常说"癞蛤蟆想吃天鹅肉",我们的词典编写者难道是在以癞蛤蟆自居而鼓动人人都来吃天鹅肉,一心想吃天鹅肉的癞蛤蟆?

《天鹅湖》是芭蕾舞典范,几乎成了芭蕾舞的代名词、同义语了。天鹅湖里的与《天鹅湖》舞台上的天鹅,你忍心去吃么?也许,当然可以吃,君不知道"秀色可餐"么?! 美人尚且"可餐",美丽的天鹅当然可以吃了。

人家西方人欣赏天鹅,我们中国人怎么首先想到的是吃天鹅肉。

## 二 保护天鹅

但是,不可简单化。其实,保护天鹅,在咱的中国也是古已有之的：

> 二年春正月丙子，诏蠲两都站户和雇和市。己卯，诏江南毋捕天鹅。（宋濂《元史·成宗本记》）

元成宗叫做铁穆耳，二年就是公元1296年。这就是说，在中国，十三世纪的九十年代，就已经运用法律形式保护天鹅了！

## 三　吃天鹅肉也是一种文化

可悲者，人类的大嘴巴，把一切都吃了之后，这个世界还有什么意思？单调、枯燥、灰色、乏味、空虚……

且慢，不过，发现天鹅的"可食"，也是一种文化。发现老虎的肉可食，骨头可以泡酒，虎皮可以做褥子，也是一种文化。这是人类生存的需要。民以食为天！人类诞生之初，生存第一，可以没有环保的意识，不能用现代的眼光来要求，应当具有历史观念。

今天提倡保护野生动物，当然也是一种更高档的文化。

但是，不能因为今天必须有环保意识，就全盘否定古代文化。

# 吃竹笋，屙背兜



前天宁夏人民教育出版社的柳毅伟先生来接我们去吃饭，他说，他媳妇在“锦绣江南”等着呢。柳先生的媳妇是《黄河》杂志的副主编，一见面就送我们《黄河》杂志，首先引起我注意的是题图都是丰子恺的漫画，世界上只有一个丰子恺，其他人模仿不来的。

回来之后，随便翻翻，看杂志上写道：“四川人说话：‘吃竹笋屙背兜！’实在可以算做民谚经典。”

四川人，吹牛吹破天了：吃竹笋，居然屙出一只背兜来！

四川人的背兜，我见到过。我们南京大学中文系的陈郭是四川人，“文革”前，我们住同一层楼。他就有一个背兜，他回家的时候，宝贝藏在背兜里头，上面放些破布烂棉花，故意穿破烂的衣服。他洋洋得意地说：“绝对安全，不会有小偷来偷的。”

民谚往往不能只从字面上来理解。“吃竹笋，屙背兜。”嘛意思？

这篇文章的作者是叶延滨，题目叫做《回头一望是风景》，叶先生在后面写道：

> 有了这样的经历，我再次明白了，有些事情不是因为你干得不好惹来麻烦，而是因为你干得好才招来麻烦。而且是中国特色，给你添麻烦的是非小人，并不为此付出代价。这类人的才华就是“吃竹笋屙背兜”！

想出这个谚语的人，真是奇才。

作者说得对。不干事情的，啥麻烦也没。把事情干坏了的，应当记上一大功，提升一级。干好的，吃不了，请啦您啦兜着走吧您老就不客气了再见拜拜！

作者继续写道：

> 我设想一下，如果有个人给我说出上半句“吃竹笋”，我发挥想象力，也只能想出“胸有成竹”。能想出这词，比起“屙背兜”就少了许多精彩！胸有成竹，最多说明心胸大有主张。而“吃竹笋屙背兜”者，能耐就大上天，吃下竹笋，在肚皮里能变成竹子，还能把竹子劈成竹片，剖成竹篾，削成竹丝，从屁股里屙出来！哇塞，心肝胆肺，皆如快刀，何等锋利！

作者感叹说：“语言的魅力就在于此，一想到我经历的这些事情，我就想到这个谚语，想到那些心肠如刀一样锋利的人物。”

我想对作者的是：你以为你遇到的就是最典型的、最厉害的么？不，更加那个的，其实多多。因为多多，我才把这个经典——吃竹笋屙背兜——推荐出去，让朋友们遇到这种人的时候，也可以说一句：“吃竹笋，屙背兜！”

饭后，主编向我约稿，我含糊其词。因为我是一个退了休的语言学的教书匠，《黄河》是文学刊物。以上随意侃侃，只能贴上博客，不能到《黄河》中去漂流。

# 看菜吃饭 脍炙人口

“民以食为天”，中国人认为吃饭是国家和个人的头等大事，所以问好的口头语就是“您吃了饭了么？”成语“丰衣足食、衣食住行、布帛菽粟、寝食不安”等，都反映了中国人对吃饭问题的高度重视。朱洪武坚持“广积粮”，今天，世界粮荒的时候，咱中国人很坦然，“手中有粮，心中不慌。”

“靠天吃饭”是中国人的传统观念，鲁迅曾经批评过。现在看来，这话并没有完全错，人类的确是靠天吃饭的，“千算万算不如老天爷一算。”是有些道理的，是不能否定的。离开了天和地，人类是没有饭可吃的。“靠山吃山，靠水吃水”说的是靠地吃饭。“靠X吃”也并不全是消极的，因为这X本身并不能给人类可吃的东西，还得人类自己去奋斗一番。只有把“靠天吃饭”同“人定胜天”相互联系起来，协调起来，才是真正有道理的。

中国人用食物来区分社会阶层：肉食者——上等人，有权力的人。素食者——下等人，普通老百姓。下等人是：“节衣缩食、节食缩衣、节俭躬行、节俭力行”。老百姓的生活是：“清茶淡饭、粗衣粝食、布衣粝食、布衣蔬实、粗衣淡饭、粗茶淡饭、粝食粗餐、斋居蔬食"等。上等人的生活则是："击钟鼎食、击钟承鼎、浆酒霍肉、龙肝凤髓、玉液琼浆、莼羹鲈脍、山珍海味"等。

中国人喜欢用吃饭来代替职业。例如：吃粉笔灰的——教师。吃皇粮的——政府官员。吃公家饭的，吃青春饭的，吃白饭的，吃软饭的，等等，不一而足。

中国人什么都能吃。例如：靠山吃山，靠水吃水。吃父母。吃床腿，吃工龄，吃劳保，吃回扣，吃食堂……

夸张的说法是，除了天上的飞机，地上的小板凳，似乎都能够吃的。

作为下等人的普通老百姓，当然是一贯反对不劳而获的，很是瞧不起白吃饭而不干事的人，是中国的传统。成语"尸禄素餐、尸禄素食、尸位素餐、窃位素餐"，本来是对这些窃据高位而不干实事的当权者的批评和抨击，不过后来却成了官员们的自谦之辞了。

汉语中，关于吃的成语之多，是叫人惊讶的。例如：

山肴野蔌、日昃忘食、举鼎拔山、举鼎绝膑、
车酒作乐、凌杂米盐、漏脯充饥、藕断丝连、
黄粱美梦、黄粱一梦、梦熟黄粱、举案齐眉、
含辛茹苦、吃里扒外、画饼冲饥、风餐露宿、
饱食终日、坐吃山空、回味无穷、索然无味、
酒囊饭袋、茹毛饮血、灯红酒绿、尽盘将军、
杯盘狼藉、余香满口、津津有味……

也许是因为中国的确是一个美食的国家，所以食物和饮食就是最常用的一个比喻，许多哲理都是通过吃来说明的。例如：

因噎废食、吃苦耐劳、自食苦果、自食其力、
莼鲈之思、望梅止渴、饮水思源、看菜吃饭、
吃定心丸、等米下锅、找米下锅、吃大涡饭……

中国人在吃的问题上,几乎是想入非非的,例如:“秀色可餐”,形容女性的漂亮,居然就说她可以当作食品来吃!

# 牛首和羊头

俗语说，牛头不对马嘴，那么牛头和羊头也就不是一回事儿了。但是，这个世上，几乎没有什么两件事情是完全不相干的，大大的牛头同小小的羊头有时候可能也是完全相同的一回事儿呢。这当然不是同您开玩笑儿，这有我们的汉语作证。俗话说，“挂羊头卖狗肉”。《晏子春秋·内篇·难下》写道：“君使服之于内，而禁之于外也”，也便是“挂牛头卖马肉”，不是吗？那么：挂羊头卖狗内=挂牛首卖马肉！于是：羊头=牛头！！马头=狗头！！ 同理，“牛头不对马嘴”，也可以说成“驴头不对马嘴”的，那么：“牛头”也就等于“驴头”了。

问题是，为什么要挂上牛头来卖马肉、挂着羊头来卖狗肉呢？这大概是因为：在中国文化中，牛是伟大的神圣的动物，是祭祀时候的最高等级的贡品，所谓“一元大武”是也。汉字中的“物”，是从“牛”的，可见中国古代人是把牛当作万事万物的代表的。古代人是最崇拜牛的，把牛当作伟大的神，现在印度依然那么样地崇拜着牛。同印度人不同的是，印度人崇拜牛就不吃牛肉，于是信奉印度教的人就同信奉伊斯兰教的人矛盾冲突起来了，伊斯兰教人是吃牛肉而不吃猪肉的呀！而中国人，一面崇拜牛，一面却又吃牛的肉，并且认为是美味的食品呢！在中国古代，人们虽然也喜欢马，但是在文化上马的地位是远远不如牛的呢，这是很合理的。马主要用于打仗，是将军们的宠儿，同一般老百姓的关系就少得多了。平民百姓谁喜欢打仗，因此对于将军们的宠物就不那样的感兴趣，便是很好理解的了。而牛在农业社会里，才真正是人民大众的朋友，或者说是衣食父母！再从实用角度上看，从古到今，人们都吃牛肉，在西方更是一种重要的食品，但是无论是中国人，还是外国人——洋人，都是不吃马肉的，大概马肉不好吃吧？在这一点上驴比马强，虽然是在其他方面是驴不如马。您瞧："天上龙肉，地上驴肉"！正如"上有天堂，下有苏杭"一样，驴肉已经成了地上动物食品中的极品了。也许正是因为如此，所以才没有人说："挂牛头卖驴肉"，或者是"挂羊头卖驴肉"的吧？

羊，在中国传统文化中是一种吉祥的象征。在祭祀中的地位也很高，当然次于牛。所以才会有人用羊头来代替牛的事情的，亚圣孟子还曾经同君主讨论过这样事儿呢。羊肉在中国古代是一种高贵的食品，是贵族、上等人才能够享受得到的食品。

您瞧，在《水浒传》第三十八回里：

> 宋江见李逵把三碗鱼汤和骨头都嚼吃了，便叫酒保来吩咐道："我这大哥想是肚饥，你可去大块肉切二斤来与他吃，少刻一发算钱还你。"
>
> 酒保道："小人这里只卖羊肉却没牛肉。"
>
> 李逵听了，便把鱼汁擗脸泼将去，淋那酒保一身。
>
> 戴宗道："你又做什么？"

李逵应道:“叵耐这厮无理,欺侮我只吃牛肉,不卖羊肉与我吃。”

李逵之流穷小子、下等人是只配吃牛肉的,那时代牛肉是一般寻常百姓的食品。在南宋时代的杭州,羊头羹是那样的高贵,一般人吃不上的,连会做羊头羹的厨师身价也是那样的高呢。至于狗和狗肉,虽然说在中国从古就有对于狗的崇拜,至今还存在着狗的崇拜,从古就有人喜欢吃狗肉,但是,这狗和狗肉在中国文化中,总体的形象是很不好的。所以同英语不同的是,在咱的汉语里,带上“狗”的短语,可就没有一个是好话了。“狗美容师” 是骂人话, 当然在香港有专为狗美容的人的——狗美容师!如果您对美容师不敬,骂了个“狗美容师”的话,那他也可用这个“狗美容师”来回敬您的,他的意思是他是为狗美容、美狗之容的“师”!在中国古代杀狗的人地位都是那么的下贱的,樊哙之流当然就被人所瞧不起了。中国人是喜欢请客吃饭——说来好笑,说是请吃饭,真是名不符实了。——也有不少中国人是喜欢吃狗肉的,然而在正式的宴会上,是不可以出现狗肉,就因为这东西有点儿下贱,是上不了大堂的。于是在中国,卖狗也得偷偷儿地悄悄地来卖。因此才会有“挂羊头卖狗肉”的事情的。这“挂羊头卖狗肉”的俗话之所以如此的流行,这是因为在我们这个世界上,挂羊头而卖狗肉的事情真个是太多了!过去有,现在有,将来也还会有。因此我以为,“挂羊头卖狗肉”这话是大有生命力,甚至还会更风光一些呢!从早到晚,从主观愿望上说,我真个希望这话现在就死亡掉。

韩国人特喜欢吃狗肉,那汉城就有许多的狗肉店。在汉城主办奥运会的时候,西方人指责韩国人吃狗肉,不人道。西方人总以为他们是上帝的骄子、宠儿、代言人,总是要用他们的尺码来强求东方人。聪明的韩国人,当然不愿意因此就失去办奥运会的机会，也同样不想因此就不吃狗肉，于是就换上一个名字，叫做“补身汤”，于是矛盾解决了。谁说语言没有用的呢？韩国用上一个语言文字游戏就解决了一个大问题。

我的这篇文章中，有牛头，有羊头，如果您说作者扯得太远了，那我说：都是有关系的，都是一回事儿，因为：牛头=羊头！

# 红烧鲤鱼是谁的丈夫



## 一

作家班的一个学生问我一个问题：在一次夫妻成双成对参加的电视娱乐节目中，主持人要求丈夫们分别写出自己所爱吃的菜肴名称，让妻子们来猜猜哪一道菜是自己的丈夫写的。节目主持人宋世雄先生问道："红烧鲤鱼是谁的丈夫？"大家大笑，宋主持马上认错。

这可以看着是省略不当吗？

我想，这话语的本来的意义、正确的说法显然是："在纸上写下了自己喜爱的菜肴名称是'红烧鲤鱼'的那个男人是哪一位女士的丈夫？"

这样的说法，当然是语言学家和逻辑学家都认为是非常正确没有错误的话语。但是，可惜呀，事实上，是决不会有人这样说话的。我常嘲笑我们语言学家说：你们说的正确的话语，没有人说，也听不到人说。你们说是不正确的话语，你们不准人们说的话语，我们有时候就是听人家说呢！不过，我这只是在同可怜的语言学家开玩笑，绝没有全盘否定他们的劳动的意思！他们的许多想法都是正确的,值得重视的。他们是我们的社会所不可缺少的人物。

## 二

我看来,宋世雄并没有错儿。这是因为,这个省略了的话语,是决不会造成歧义和误会。省略,最重要的是不可以造成歧义和误会。这个话语之所以不会造成歧义和误会,是因为在情理上,人和鱼是不可能结婚的,鲤鱼是绝不可能做一个女人的丈夫的。

如果这句话写到纸上,则是:

"'红烧鲤鱼'是谁的丈夫?"

由于在"红烧鲤鱼"上打上了引号,就不再指称某一种菜肴了。这正如同在戏剧的名字上,说"'秦始皇'做'楚霸王'。"意思是说在前一部电影中扮演秦始皇的某个演员现在在一部新的电影中担任了出演西楚霸王项羽的角色。而"'红烧鲤鱼'的丈夫",指的是同红烧鲤鱼具有某种关系的人。关系主要有两种,一是相似关系,一是相关关系。假如有人长得样子有那么一点儿像红烧鲤鱼的话,那么人们就称呼他为"红烧鲤鱼",这是比喻中的借喻。如果这个人只是喜欢吃红烧鲤鱼,或者最善于烹调红烧鲤鱼,或者因为红烧鲤鱼而得到过奖励(或者处罚,或者出过大洋相,等等),于是人们就可以暂时称呼他为"红烧鲤鱼",这就是修辞学上的借代手法。

其实,我们在日常生活中,就是像宋世雄那样说话的。

①你们想吃些什么东西?

我是红烧肉,他是东坡肉,这位小姐是红烧鲫鱼,那位先生是鲫鱼汤。

②你们想干的事情是什么?

我是足球,他是双杠,那家伙是铁饼,那小姐是乒乓。

③这些东西都是谁的?

书报杂志是老李,瓶瓶罐罐是小张,化妆品是老刘,吃的喝的是小吴。

④那老头是一个安徽小姑娘。

⑤我哥哥是个女的,我姐姐,我妹妹,都是男的,我妹妹比我哥哥,比我姐姐都大,我哥哥比我妹妹小,我妹妹比我姐姐大。

如果谁个认为省略不好,都完完全全地说出来:

①你们想吃的东西是什么?

我想吃东西是红烧肉,他想吃的东西是东坡肉,这位小姐想吃的东西是红烧鲫鱼,那位先生想吃的东西是鲫汤。

②你们想干的事情是什么?

我想干的事情是踢足球,他想干的事情是玩双杠,那家伙想干的事情是投铁饼,那小姐想干的事情是打乒乓。

③这些东西都是谁的?

书报杂志是属于大老李的东西,瓶瓶罐罐是属于小张的东西,化妆品是属于刘小姐的东西,吃的喝的是属于钟小姐的东西。

④那老头用的保姆是一个安徽小姑娘。

⑤我哥哥的孩子是个女的孩子,我姐姐的孩子,我妹妹的孩子,都是男的孩子,我妹的孩子比我哥的孩子,比我姐姐的孩子都大,我哥哥的孩子比我妹妹的孩子小,我妹妹的孩子比我姐姐的孩子大。

烦不烦?烦!烦死人了!所以,一个不会省略的人,就是一个不会说话的人,一个不懂得语言艺术的人。

# 第七辑　疑义相与析

# 胡说八道的“胡”

胡说八道者，指责他人胡说八道者，知道其中“胡”字的含义的，可能不会很多的吧？《资治通鉴》卷九十一：

> 后赵王(石)勒用法甚严，讳“胡”尤峻。宫殿既成，初有门户之禁。有醉胡乘马，突入止车门，勒大怒，责黄门小执法冯翥。翥惶惧忘忌讳。对曰：“向有醉胡，乘马驰入，甚呵御之，而不可与语。勒笑：“胡人正自难与言。”恕而不罪。(晋纪十三)

胡人更忌讳胡！

鲁迅说，说娼妓是娼妓，这不是谩骂。那么，说胡人是胡人也不是谩骂的。

当年高力士请安禄山和哥舒翰吃饭，因为这两个高级将领有矛盾。哥舒翰回答安禄山时候，说了句“胡死首丘”的话，触犯了安大人的忌讳，因为他是胡人，于是拔剑而起，哥将军也不示弱，举刀相对。高大力士急忙拉架打圆场。其实，哥舒翰也是胡人。

《旧唐书》卷一百四十是这样记载的：

> （哥舒）翰素与（安）禄山、（安）思顺不协，上（唐玄宗）每和解为兄弟。其冬，禄山、思顺、翰并来朝，上使内使侍高力士及中贵人于京城东驸马崔惠童池亭宴会。翰母尉迟氏，于阗之族也。禄山以思顺恶翰，尝衔之。至是，忽谓翰曰："我父胡，母是突厥；公父突厥，母是胡。与公族类同，何不相亲乎？"翰应之曰："古人云，野狐向窟嗥，不祥，以其忘本也。敢不尽心焉！"禄山以为讥其胡也，大怒，骂翰曰：……

中国北方的少数民族统称为胡人，胡人是汉族人的说法，中国历史的重要事件就是胡汉对立，其实也是农耕民族同游牧民族之间的矛盾和斗争。称为胡的，不是一个民族，而是许多游牧民族。叫做汉的，不纯粹是人种上的、血统上的汉族人，其中许多是接受了汉文化，使用汉语，从事农业生产的其他民族，或者说是汉化了的其他民族。

语言和文化是民族的两大区别性特征。汉民族内部，操不同方言的人们之间是存在隔阂的，难以沟通的。君不见，阿拉上海人，就是瞧非阿拉上海人不起的！阿拉瞧不起非上海人是理直气壮的。

说汉语的汉族人听不懂胡语——各种阿尔泰语系的语言，通古斯突厥语系的诸语言——很是正常的。换一个说法就是，汉族人只能听到一连串的声音，但是全然不明白其中的意义。人可是一种意义的动物，人的生命的价值就在于对意义的追求。发现了、把握了意义，就有快感安全感舒适感。找不到意义，就惶恐焦虑痛苦绝望，甚至去自杀。

对汉人来说，胡说——胡人说，就是没有意义的话，甚至是荒唐的话。没有道理、不讲道理的话。

中国的汉族人对南方的少数民族，统称为“蛮”——南蛮。

于是出现了“胡说、胡搅、胡缠、蛮干、胡来、胡说八道、胡言乱语、蛮不讲理”等词。这些常用词语生动的反映出古代中国的民族关系。

最好要说的是，这话本是“胡说八道”，说汉语的人他喜欢四字格式。常常把两字、三字词语拉长未四字格。方法是增加没有意义的衬字，这里的“八”就是一个衬字。

**附记：资料**

《新唐书》卷一百三五：

(哥舒翰)安禄山、安思顺不平，帝(唐玄宗)每欲和解之。会三人俱来朝，帝使骠骑大将军高力士宴城东，翰等皆集。诏尚食生击鹿，取血瀹热若河以赐之。翰母，于阗王女也。禄山谓翰曰：“我父胡，母突厥；公父突厥，母胡。族类奔同，安得不亲爱？”翰曰：“谚言‘狐向狗窟嗥，不祥’，以忘本也兄既见爱，敢不尽心？”禄山以翰讥其胡，怒骂曰：“突厥敢尔？”翰欲应之，力士目之，翰托醉去。(《哥舒翰传》)

# 金星

甜蜜快乐的小时候，住在乡下，夏天的晚上，躺在广场上，乘凉风，看月亮，数星星。妈妈、姐姐和奶奶，就在身旁边，看着我看月亮，帮助我数星星。其实，数星星是谁也帮不上忙的，是越帮越忙的。

天上的星星，数也数不清，记也记不得，然而数还是要数，记还是要记。因为这数星星的开心并不在于结果，而全在于数！数就是一切，目的是没有的。

每一颗星星都有他或她的名字——我想，我相信，星星是有男，又有女的。这是因为，老人说：天上一颗星，地上一颗钉。这钉，就是人，而人都是有男又有女的，当然天上的星星也就有男又有女了！所以就是“他”或者“她”了。这就是我儿童时代的逻辑。

记是不必去记的，因为想记的未必记得住，不想记的很可能却忘记不了。这正如对人和事一样，想记的人和事，你忘却了，不想记、一心想忘记了的人和事，却怎么也忘不了。数不清的星星中，金星就是你用不着去记也一定是忘记不了的一颗星。

所以忘记不了，是因为我们喜欢金星，喜欢的原因显然是因为它最亮。“根据古罗马的神话命名的金星是迄今为止天空中最亮的一个发光点。”(巴里·E·齐然尔曼、戴维·J·齐然尔曼《在岩石上漂浮》)而且还有它的名字好听而且多：金星、启明星、太白星、长庚星。《诗经》上说：“东有启明，西有长庚。”毛传说：“日旦出，谓明星为启明。日既入，谓明星为长庚。庚，续也。”司马迁《史记》索引说：“太白晨出东方曰启明。”郭璞《尔雅》注说：“太白星也，晨见东方曰启明，昏见西方曰太白。”诗人则称呼它为“玉弹”，“玉”在中国总是最美好的意象。宋代诗人杨万里的《曦娥谣》中说：

素娥西征未归去，簸弄银盘浣风露。
一丸玉弹东飞来，打落桂林雪毛兔。

金星是中国老百姓最熟悉的一颗星星，一位神仙，非常讨喜的一个角色。它，在一般人心目中，特别是在孩子们的心目中，是一个十分平易近人、和蔼可亲的老人，是一个老头儿，不可以说是“老头子”，也不需要你尊称他为“老人家”。这个形象大概是从《西游记》中来的，他姓李，名字叫做：长庚。在《西游记》中，太白金星，在对待美猴王孙大圣的处置方式上，是一个主和派的代表人物，他是天宫派到花果山去谈判的首席代表，是一位和平使者。

其实，在中国古代文化中，金星其实是战星，战神，它叫做：“大正”、“大嚣”。“正”，通“征伐”、“征讨”的“征”！“征”就是战争，就是打仗。可见他管理的是征伐，就是打仗。在古代人观念中，如果金星在白天里出现，就是战争的象征。这一点，《西游记》的作者吴承恩当然是知道的,那么他为什么要把一个战争神变作一位和平使者呢?当然,也并不是他一个人的事情,这其实,是民间的普遍的看法。

小时候,我们看月亮数星星,现在我们大了,而且是生活在现代化的大都市里,于是就只能在自己的心中思索月亮和星星了,作为儿时的甜蜜的一个替代。

# 龟儿子

## 一　我的语料库中的龟儿子

从前的中小学生，常常在同学的后背画个小乌龟，骂这位同学的老爸就是老乌龟，龟公，他的同学就是龟儿子。

从前的中国，随处可见“随地大小便是乌龟！”的言语作品。

在我的语料库里，“龟儿子”的主人只有一个人，我的一个四川籍同事。我们（说们，因为它不是我一个人的！）南京大学中文系有位教师叫陈郭，四川省人也，他的口头禅是“龟儿子”，我们常模仿他，有时“龟儿子的”就成了陈郭的代称了。陈郭的“龟儿子”主要不是用于骂人，常常是感叹词语。

因此可以说，“龟儿子”是多义的，第一，骂人话；第二，感叹词语，表示惊讶、赞赏。

## 二　绿帽子

绿色是生命的象征，给人以美感。想我三月刚到银川的时候，树木光秃秃的，没有一片叶子，赤裸裸的，对于从千里江南绿映红的江南来的我真不是个滋味。五月中旬之后，银川也呈现出一派绿色的世界，才像茅台一样醉了我们。

但是，在中国什么都可以绿，——“春风又绿江南岸”，好，脍炙人口。——唯独男人的帽子不能绿，女人的绿罗裙，好，使情人处处怜芳草；男人的绿帽子使他无脸见人。今日里火车站里的红帽子的确是戴了红帽子的，被指责为戴绿帽子的男人其实是并没有戴什么帽子。

《现代汉语词典》上说：

> 绿帽子：绿头巾。
>
> 绿头巾：元明两代规定娼家男子戴绿头巾，后来称人妻子有外遇为戴绿头巾，也说绿帽子。

原来，绿帽子是娼家的标记！

《续资治通鉴》一八五卷中记载：“至元五年，壬辰禁倡优盛服，许男子裹青巾，妇女服紫衣，不许戴笠、乘马。”

至元五年是公元1339年。如此说来，龟儿子者，绿帽子男人的儿子也，娼家之子也。

## 三　乌龟王八蛋

《红楼梦》第二十八回中写道：

> 薛蟠……方说道：“女儿悲，嫁个男人是乌龟。”众人听了都大笑起来。薛蟠道：“笑什么？难道我说的不是？一个女人嫁了个汉子，要做忘八，怎么不伤心呢？”

薛蟠的话是对的，我们不能因人而废言。

同一事物，美丑之非，好坏之别，在于人的立场。淫妇荡妇是骂人话，但是《金瓶梅》中的女人在西门庆前往往自称“淫妇”。一本英国人写的什么书里，一个女人给情人的信里说，我是你的妓女。

淫妇和荡妇、绿帽子和龟儿子，都是骂人话，但是也一定有人喜欢戴绿帽子，喜欢做龟儿子的。今天的网络上就有以淫妇和荡妇自豪的女人。晚清的李伯元（1867年——1906年）在《官场现形记》里，有个叫做冒得官的小官，为了保住官位，就把自己的女儿送给好色的上司。吴趼人（1866年——1910年）在小说《二十年目睹之怪现状》中，有个叫苟才的官差，夫妻两个哀求寡居的儿媳妇去做总督的小老婆，一个候补道，竟然把自己的老婆送给上司。在第九十六回中：

> 我给你明说穿了吧，你此刻没有娶亲，没有老婆；如果有了老婆，上司叫你老婆进去当差，你送了进去，那是有缺的马上可以过班，候补的马上可以得缺，不消说的。

您看呀：历史书上记载说：

> 至元十九年，丙申，敕：“以妻、女、姐妹献阿合玛特得仕官者黜之。”

至元十九年是公元1282年。看来把自己的老婆、女儿和姐妹送给阿合玛特，因此当上达官的人，还不少，如果是个别现象，还需要如此地大动作么？历史学家也不需要写到历史书上来的。

## 四 矛盾的台湾言语生活

台湾的言语生活是矛盾的，两极分化非常严重。

一方面，文雅，很文雅，非常文雅，文雅得叫你受不了。“谢谢”出现频率高极了，大陆人开始时是很不习惯的。我在台湾师范大学参加两岸学术会议时，日程表上最后的项目是：“赋归”。我是惊诧而佩服。

文雅言辞减少了，台胞和大陆仔之间才开始真正的感情交流的吧。已故著名修辞学大家沈谦教授、空中大学许应华先生同我交谈时候，丢弃了许多文雅言辞，我们才成了真正意义上的朋友。记得许君对我发表的一段言论：“当一个人可以在对方面前挖鼻子，放屁，而不害羞，不觉得丢人的时候，就是爱情。”

事实是，粗野、粗俗、污秽、下流。越是脏话，就越是要讲，越是要公开地讲，大声地讲。李敖大师是一个代表人物。我理解、我谅解，不以其人之道还治其身。但是，我真的不佩服不支持他的这一点，他说，台湾是中国的睾丸！我总想，自以为是天才的，是大师的他，难道就想不出更好的比喻了么？

我小时候在乡村生活，知道农村妇女说粗话脏话天下第一，男人只能退避三舍而逃跑。现在才知道比乡下不识字的妇女们更上一层楼的是新式文人和台湾的高官们。2005年台湾负责所谓外交的高官叫做陈唐山的，骂新加坡是鼻涕，骂新加坡卵泡。这大概是“去中国化”的表现吧？在中国古代两国交兵，下战书也还是文雅的。《三国演义》电视连续剧中，汉丞相诸葛孔明先生下令魏延大将军到魏军阵前谩骂，魏老将军认为有辱尊严，我赞赏魏将军。陈唐山——唐山是中国的意思吧——的脏话，引发了新加坡的愤怒，台湾方面反响也很大。那时我曾劝一些年轻人收集相关材料，分析研究研究。现在还记得的是，李大嘴巴也站出来辩护了，说，上帝给人的器官，就可以说！我觉得非常好笑，既然如此，李大嘴在数万人的集会上，为什么不开口闭口地说“大便、小便、拉屎、撒尿、月经来了”呢？

人是社会的人，文化的人。有些事情不说，这是社会规范，是文明的表现。

## 五　文化词语

语言是文化的产物，文化的载体。

翻译中最难的是文化词语和词语的文化含义翻译出来。

“龟儿子”之所以很难翻译成英语，就在于它是一个文化词语，是中华文化所特有的。

阿扁们一心一意要去中国化，然而他们脱口而出的却是“龟儿子”，并不是英语里的三字经什么的，老美也从没有把他们当作美国佬。

脱口而出的文化词语是人们的根本的不自觉的流露。

# 大学校长的语文错误

语言文字错误是汉语汉字的副产品，中国文化的特色，是传统笑话、民间故事和相声的永恒的主题之一。

最近偶然间在网上看到打油诗一首：

清华校长顾秉林：瓜离分裂力谁任？
人大校长纪宝成：七月流火真热情！
厦大校长潘世墨：黉(hóng)宫发出皇宫声！

大学校长的这些失误，我没有当作一回事情，我认为都可以谅解的。余秋雨点评“仁者乐山”，将“乐”字读成“lè”，把“杯水车薪”的“车(chē)”念成“jū”的错误，也是可以原谅的。这是因为，汉语汉字都是非常复杂的，难免会出一些差错的。人非圣贤，谁不犯错误？对他人的错误，应当有些宽容之心，不应当过分责备。我就不敢说，我从没有出现过语言文字错误，虽然人家说我是语言学家。我以为正是语言学家才更容易出语言文字错误。我甚至认为，语言学家出的语言文字错误比非语言学家多，而且更离奇更滑稽。

我原谅这些人，还因为比这些人地位和知名度更高，也自以为更有学问的人，也出过这样那样的语言文字笑话的。北洋政府的某个部的官员曾把李大钊说成李大剑，我是年轻时候在《鲁迅全集》中知道的，鲁迅当时就在教育部供职，一定是确有其事的。

我以为，我们可以原谅他们，但是，是有条件的。这条件是：他们自己应当反思，应当努力提高自己的语文教养。应当向宋代的杨万里学习，他读错了字，一个小官指出之后，他非常感谢，拜为一字之师。

但是，如果这些大人物居然、竟然不认错，甚至还强词夺理，那似乎很不怎么好了，就应当被人耻笑嗤笑了。对余秋雨，我也能够理解：文人嘛，死要脸，活受罪！对忿忿不平者，我也要劝告你，面对某些文人，您不可以太顶真的，还是把这些文人同严谨的科学家区分开来的好，随他去吧！当然其实也并不是所有的文人都是强词夺理与说话不负责的。

台湾的那个叫做什么扁的人，居然运用“罄竹难书”来表示好就更加无聊，甚至有一些无耻了。今年一月三日台湾修辞学家沈谦教授(我的好朋友，老朋友)不幸去世，教育部长官的挽联上写错了字，不认错，还推到代笔人的身上去了，如此就叫人非常瞧不起了。

大学校长们是教育家，是师生的表率，是大学的面子，可绝不能如此马马虎虎。我不知道这样的大学校长站在师生面前训话的时候，底气充足么？脸居然不红么？

# 从“藁砧”到“杀头的”

《玉台新咏》第十卷第一首是古绝句：

藁砧今何在？山上复有山。
何当大刀头？破镜飞上天。

严羽《沧浪诗话》说：“此僻辞隐语也。”

《彦周诗话》说：“‘藁砧何在’言夫也。‘山上复有山’言‘出’也。‘何当大刀头，破境飞上天’言月半当归也。”

“藁砧”同“丈夫”的“夫”有什么关系呢？

藁砧原来是古代的一种杀人工具，与藁砧同时出现的总是另一种杀人工具——斧，汉语中“斧”和“夫”同音。这里有音和义两种联想：

意义联想：

藁砧→斧→刀斧手（刽子手）→犯人（被杀头的）

语音联想：斧→夫（丈夫）

语义联想构成语义双关，语音联想构成谐音双关。用“藁砧”代替丈夫是音义结合的双重双关。

现代中国农村妇女，不把自己的丈夫叫做“我的亲爱的”，而常常叫做“杀头的”、“砍头的”、“老砍头的”、“老不死的”、“死鬼”。少年时代，我总觉得粗俗，不文雅，阅读小说时也常为中国人脸红。后来才知道，这一称呼颇为古老，是颇有来头的呢。我们那里的乡下人，当然没有读过《玉台新咏》，也不懂汉字的形体结构，但是，这个“杀头的”其实就是“藁砧”的口头形式。“藁砧”也好，斧头也好，目的就是一个：杀人——砍头。但是，为什么不把刀斧手(刽子手)当作丈夫的代称，而偏偏用被处死刑的犯人来代替丈夫呢？这大概是反语。这是女人喜欢用的手法：“你讨厌！你最坏了！恨死你！不理你！”“你真是大坏蛋！”“你这个活土匪！”这是一个女性心理学上的问题。

从修辞学上看，“杀头的”，是反语式双关。而“死鬼”和“老不死的”之类，都是“杀头的”的派生形式。与此相类的是“黄毛丫头”，事实是：中国人是黄种人，中国妇女的头发都黑色的，黄皮肤，黑眼睛，黑头发，这是中国人(其实是汉人，维吾尔人、哈萨克人就不如此)。这里的联想是：

处女：特征——贞洁→金针菜————谐音联想

金针菜=黄花菜——黄花闺女————语义联想

黄花大闺女=处女————谐音联想+语义联想

所以“黄花大闺女”是音义结合的双重双关。“二百五→半封”，这是语义联想。“半封→半疯”，这是语音联想。所以“二百五”指神经不正常的人，这是音义双重双关。

(注：象形汉字中，“我”本是大斧头。)

# “胡麻好种无人种”

唐代诗人葛鸦儿有一首著名的小诗，叫做《怀良人》：

蓬鬓荆钗世所稀，布裙犹是嫁时衣。
胡麻好种无人种，正是归时底不归？

胡麻就是芝麻，芝麻糊的原料。说是“胡麻”，可见本不是中国原产的，但是，不是中国的东西也并不见得都是坏的，正如外国的东西也并不都是好的一样。阿里巴巴说：“芝麻，芝麻，快开门！”也许中国的芝麻是从阿里巴巴的家乡传来的吧？是的，在中国古时候，凡是从西域传来的东西，总要加上一个“胡”字的，“胡”者，洋也，即老外的洋玩艺儿。

“胡麻好种无人种”?!这叫啥话呢？您——葛鸦儿女士——难道不是一个人吗？难道您就没有公公、婆婆、小叔子、小姑子么？难道就没有邻居们了么？既然好种，您可以种，您的公公、婆婆、小叔子、小姑子也可以种，您的邻居们也会帮您种——

我是江苏淮安乡下人，我们那里，年轻的男人们总是主动地热情地无报酬地为缺少劳动力的人家干活儿的，这是非常之平常事情。我想，在这个村子里，非常乐意帮助葛鸦儿种胡麻的年轻小伙子，一定是不少的。然而她居然说是“无人”！这岂不是她葛鸦儿的“目中无人”么！

“人”者，万物之灵之谓也。用科学的说法：“人是有语言、能思维、会制造生产工具的高等动物。”符合这个定义的，现在的中国有十三亿呢！炎黄子孙遍布全世界，占世界人口的三分之一呢！即使是在唐朝，也有大几千万呢！因此，我们似乎不可以随便地就说什么“无人”、“没人”的话的。但是，问题在于，这人常常不算是人，那不是人的有时却偏偏叫做“人”。白马非马！小孩子家不是人——“长大成人”，长大之前不是人！老人不是人——人老珠黄不算人！女人不是人——嫁鸡随鸡，嫁狗随狗！龙应台说：“女教授不是教授”，当然也就不是人。坏人不是人，是魔鬼、畜生——狗！猪！驴子！我们的话语中的那个“人”，常常只是某一个特定的人，符合我们的特定标准的人，我的心目中所期待着的那个人。

如果我说：“有一个小兔，和一只小猫，它们两个人是好朋友，这一天它们两个人上山去玩儿了。”这时候，这兔，这猫，反倒成了“人”了！

“胡麻好种无人种”，在葛鸦儿的心目里，这“人”只能是她的老公！别的一切其他的人，都不是她的“人”！“无人”者，没有丈夫也。不，也并不是没有丈夫，而是丈夫不在她的身边！这句话的本义是：“胡麻好种没有丈夫来种”，不准确，而是：“胡麻容易种，丈夫你不在我身边，一个人不能种！”“胡麻好种”的“好”是容易的意思，既然种胡麻是那么容易的事情，您葛鸦儿年纪轻轻的，有的是力气，自己种不就得了吗？干什么非得有丈夫同您在一起才能够种呢？您也太娇气了，干吗这样的发嗲呢？这是我们冤枉了葛鸦儿了！她并不是娇气，这是规矩！明朝顾元庆在《异白斋诗话》中说：

> 南方谚语："长老种芝麻，未见得。"余不解其意。偶阅唐诗，始悟斯言其来远矣。胡麻即今芝麻，种时必夫妻两手同种，其麻倍收。

原来是那时候的规矩：种胡麻必须夫妻一同来种，才会丰收。夫妻双双，一边把胡麻的种子播撒到泥土中，一边播撒情和爱的种子，这正是一个妻子所渴望着的。丈夫不在，你叫葛鸦儿怎能不伤感呢？

打破砂锅纹（问）到底！为什么一定要夫妻一同来种呢？这是古代人的思维。他们认为，植物的生长同人类的生殖之间有着神秘的联系。洋人学者弗雷泽的名著《金枝》中有非常详细的论述。在全世界的许许多多的民族中，都有这样的习俗，播种的时候，不但要夫妻一同播种，还要求说许多有关夫妻生活的粗话，甚至强制性的要求夫妻在播种时必须在田间做爱。

不这么做，就不算数。《宋稗类抄》说，有个文人叫做李退夫的，住在开封城，"一日，老圃请撒园荽。俗传：撒此物，须主人口诵秽语，播之则茂。"所谓秽语，就是同性和生殖有关系的话语。可见在中国宋朝，弗雷泽所说的观念还普遍流行呢。"退之固矜纯节，执菜子于手撒之。……但低声密诵曰：'夫妇之道，人伦之始。'云云不绝于口。"后来，来客人了。"戒其子使毕之，其子尤矫于夫。执余子咒之曰：'大人已上闻。'"这也从侧面证明了葛鸦儿的"无人种"的感慨的分量的。

再说下去吧，芝麻是春天里种的，春天是绿色的世界，生命的季节，是播种的季节，是爱情的季节。在这个爱情的季节里，植物和人类相互感？应的季节里，从播撒芝麻的种子，联想到爱情的种子也应当及时播种，这不是十分自然的事情吗？“胡麻好种无人种”！在葛鸦儿的心头最重要的还不是胡麻的收成,而是夫妻间的情和爱呀！

# “那牡丹这等红哩”

## 一 师徒的争执

明代董说《〈西游〉补》第一回的开始，就是师徒关于“红”的对话：

行者：“师父，那牡丹这等红哩！”

唐僧：“不红。”

行者：“师父，想是春天曛暖，眼睛热坏了？——”

唐僧：“泼猴！你自昏着，倒拖我昏花哩！”

行者：“师父，既不眼昏，为何说牡丹不红？”

唐僧：“我未曾说‘牡丹不红’，只是说‘不是牡丹红’。”

行者：“师父，不是牡丹红，想是日色照着牡丹，所以这等红也。”

唐僧：“呆猴子！你自家红了，又说牡丹，又说日色，好不牵扯闲人。”

行者:“师父好笑!我的身上是一片黄花毛,我的虎皮裙又是花斑色,我这直裰又是青不青、白不白的,师父在何处见我红来?”

唐僧:“我不说‘你身上红’,说‘你心上红’。”

唐僧:“牡丹不红,徒弟心红。牡丹花落尽,正是花开日。”

作者董说是一个对佛学有很高造诣的人,他当然知道:

一日正讲经,风雨猛动,见其幡动。法师问:“风动也?幡动也?”一个曰:“风动。”一个曰:“幡动。”各自相争,就讲主证明。讲主断不得,却请行者断。行者曰:“不是风动,不是幡动。”讲主云:“是什么物动?”行者道:“仁者自心动。”(《祖堂集》卷二)

所以这一细节,可以算作仿拟。

在我年轻的时候,一句话就打发掉了——废话,唯心主义。但现在看来,也不那么简单,这话还是有些道理的。现代物理学认为,对象的运动和形状取决于观察者。而观察者的观察又取决于他的心。所以动不动,红不红,的确是同观察者的心相关的。从宏观世界的角度上看,这风这幡未必在动。在色盲者面前,牡丹未必红。中国古代有“飞矢不动”的命题,那么这风这幡也是不动的。红是光谱中的一段,不同语言中这一段的长短不易用,即使是操同一语言的人,对着红的认定也不完全相同的。

## 二 语义学,语言哲学?

这是一次微型语言分析哲学学术研讨会,参加者还有沙和尚和猪八戒`。

这一讨论是以日常生活语言的方式开始的。“那牡丹红哩”,“那墙是白的”,“他的脸是黑的”,“他是老实的”,等。“那牡丹不红”,“那墙不白”,“他的脸不黑呀”,“他并不老实”,等。“红”是一个模糊词语,模糊概念。不同的人虽然对语言中的“红”这个词有共同的认识,但是头脑中关于“红”的范畴却是各不相同的。日常生活中的许多争论的根源其实就在于争论的双方心中范畴的不同。“他很漂亮”,“他一点也不漂亮”,差异不在对“漂亮”一词的理解的差异,而在于双方对漂亮标准的不同。

“红”是客观事物的一种属性。但是对这一客观存在着的属性的认识取决于主体的认识器官。色盲和盲人不能认识到红，并不是因为红的不存在。不同的动物对颜色的感知不一样,红在其视觉器官中的反映也不一样,对于只能感知黑白两种颜色的动物,红是不存在的。行者对唐僧的反驳,可以从两个不同的方面出发,一是关于红的范畴问题,一是主体的感觉器官。

唐僧也提出了一个哲学问题,语义分析问题。“牡丹红”不同于“不是牡丹红的不红”。“牡丹红”是牡丹自身的属性问题,是一个肯定判断。“不是牡丹红”是一个否定判断,牵扯到其他事物,“不是牡丹红,是祖母绿。”“不是牡丹红,是太阳红。”所以行者用他自己的不红来反证牡丹的红。其实,“不是牡丹红”、“不是红牡丹”(而是白牡丹)、“不是牡丹”(而是杜鹃),是三个不同的判断。

唐僧却进入了更高的境界:他原先说的“你自家红了”,行者理解为他自家的身体,唐僧强调是行者的“心”。不是行者的身上红，是行者的心中红！这便提出一个更高层次的问题：“红”是不依赖于人的认识、超越于认识主体之外的客观存在呢，还是人的主观的心理界定的产物？唐僧认为，不是牡丹红，是行者心中红，他当然就是唯心论者了——其实，宗教徒都是唯心主义者。唯物主义者认为，红是客观存在的，不以人的主观认识为转移的。这里不讨论这个命题的对与错，“我思故我在”，“存在就是被感知”，“心外无物”，“境由心造”等，都需要放到特定的大语境中去分析。

所谓“红色”是一个概念，是人类抽象思维的产物。光谱是连续的，不可分的，从其中划分出相对独立的一段，这是人为的，不同民族对光谱的划分是不一样的。“红”是汉语中的一个词，汉语中的“红”同英语中的“Red”就不完全相等。概念和词决不能同客观存在本身简单地等同起来。

行者说的“那牡丹这等红哩”和他说“那牡丹这等红哩”的行为，是什么意思？句子只有取得了与客观世界的对应性（所谓“述谓性”）才有会话意义的。“法国国王笑了”，因为今天的法国没有国王，所以是没有意义的句子。只有在存在着牡丹的情景中，说“那牡丹”才是有意义的。“那牡丹红”不是一个现实的句子，“那牡丹这等红哩”才是一个现实的句子，“这等”表示程度，“哩”表示语气。行者保护师傅西天取经，同那牡丹有什么关系？行者身上是黄的，同那“这等红”有什么关系？所以八戒本可以问：“‘那牡丹这等红哩’同我们取经有什么关系呢？那牡丹又不能当饭吃！”沙僧也可以说：“牡丹这等红那等红，反正担子还是我来挑！”

眼前有无牡丹，牡丹红不红，这等红还是那等红——这是一个问题。关键是行者为什么此时此刻提出这个问题来？唐僧总结说：“牡丹不红，徒弟心红。”作者的意思是：此时此刻，行者的心动了，而心一旦动了，就会生出种种幻想来。正因为行者的心动了，于是背离了取经的道路，进入了鲭鱼世界之中了——鲭鱼之“鲭”，同感情、爱情之“情”同音，就是说，由于行者心中之情动了，于是才有了以下的他在鲭鱼世界中的经历。小说中的故事，本来是没有的，吴承恩的《西游记》中绝无此事，本是行者心中的产物——境由心造。

在鲁迅的《阿Q正传》中小尼姑的一句"断子绝孙"引出了阿Q的恋爱喜剧，导致了阿Q的大团圆结局。在《〈西游〉补》中正是这次对话引出了鲭鱼世界历险记。行者说"那牡丹这等等红哩"，是无意识行为，是他的潜意识的一种反映。那"齐天大圣"虽然改名为"行者悟空"，但是却还不能真正"悟空"，那个"情"字还在他的潜意识中蠢蠢欲动呢！所以这段对话正是整部小说的提要。如果小说也有关键词，那就是：心红、鲭鱼。

现在还有一个问题：语言能够帮助人们正确地认识世界吗？语言能够准确地表达我们对客观世界的认识吗？多义的、不精密的自然语言，如何沟通你我他的呢？运用自然语言来认识世界和表达其认识结果，这在多大程度上是可靠的呢？

# “拜佛西天”

在明代董说的小说《〈西游〉补》中，孙行者变成了虞美人，在同其他古代美人聚会时，丝丝作句“泣月南楼”，虞美人接着说：“拜佛西天”。绿珠指正说：“美人，想是你意思混乱了？为何要‘拜佛西天’起来？”作者先前已经交代说是“行者一时不检点，顺口”说出来的。但是作者又让行者辩护说：“文字艰深，便费诠释。天者，夫也。西者，西楚也。拜者，归也。佛者，心也。盖言归心于西楚丈夫。他虽厌我，我只想他。”作者说：“绿娘赞叹不已。”

这是一个话语的衔接问题。在话语中，两个本来是合理的合格的句子，合在一起，却可能是无意义的荒谬的组合，这“泣月南楼”和“拜佛西天”就是一个很好的例子，驴头不对马嘴。而两个单独说本是无意义或荒谬的句子，组合在一起却又可能是绝妙的组合。中国古代诗歌中的对偶，在意义内容上是有很严格的要求的。不但两个句子的意义要有联系，而且相关部分的词语意义也要有相关性。徐青《唐诗格律通论》（当代中国出版社2002年)分为三种:工对——“词语上要求在同一小类的范围内选词作对,做到字字整。”如:“绕郭荷花三十里,拂城松树一千株。”(白居易)邻对——如:天文对时令、时令对地理、地理对宫室、宫室对器物、器物对衣饰——。“晓来江气连城白,雨后山光满郭青。”(张籍)宽对——“不遵守词语类别,只求词性相同而构成的对仗。”如:尘世难逢开口笑,菊花须插满头归。(杜牧)

董说当然不知道弗洛伊德学说,但是他已经发现了潜意识在表达中的作用。已经成了虞美人的孙行者,努力充当虞美人,但是其潜意识中依然是保唐玄奘西天取经的和尚!这“拜佛西天”就是他的潜意识对意识的干扰。董说似乎已经发现了潜意识在言语表达中的制约作用。如果说孙行者的驴头不对马嘴是潜意识对意识的一种干扰,那么禅宗大师的驴头不对马嘴式的话语则是他们的有意识的行为,其性质是完全不同的。

现代西方的解构主义大师们认为,文本是没有唯一解释的,终结的解释是没有的。任何一个文本都可以无限制地解读下去。董说似乎已经发现了这一点,把“拜佛西天”作如此的解释,就表示也可以做出许多一般人绝对想象不出的解释来,而且都是合适的,可以被接受的。但是,孙行者的这一解释显然是强词夺理,是诡辩术。其解释结果往往是叫人口服心不服的。

其实,每种解释都必须在特定的语境中才能成立,也就是说每种解释都必须有一定的先决条件。事实上,虞美人的解释是荒谬的,不可接受的,因为在她(虞美人)生活的时代里,佛教还没有传入中国,就不可能说出、更不可能理解“拜佛”一语!但是小说中可以这样写,因为这本是时空倒置的想象中的世界,因为这是孙行者的话,他是一个西天取经者。

塞尔在《心灵、语言和社会》中说："语句的意义是由语词的意义和语句的意义和语词在语句中的排列来决定的。但是，说话人在说出这个语句时所意谓的东西，在某种限度之内，完全是属于他或她的意图问题。我必须说'在某种限度之内'，因为你不能说仅仅是某种东西却意指任何东西。你不能说'2+2等于4'，而意指'莎士比亚是优秀的诗人也是优秀的剧作家'。至少你在意谓这些时不能不增加许多另外的情境。"（上海译文出版社2001年）

塞尔强调"在某种限度之内"，这是很有道理的。孙行者不可能用"拜佛西天"来意指"改革开放"，因为他根本没有改革开放的意识和体验。如果我们要用"拜佛西天"来意指"改革开放"，如果说不是根本不可能的，那么就得如塞尔所说，至少得增加另外的情境。"西天"就是西方经济发达的国家，如美国。"拜佛"就是取经，就是打开国门，就是走向世界。增加了所需要的特定情境，"拜佛西天" 也可以意指留学美国或移民美国甚至嫁给美国佬的。所以，话语的表达和理解的关键是语境，是条件，具备了特定的语境，满足了条件要求，表达和解释就都是可能的。

# 《狂人日记》的修辞分析

## 一 《狂人日记》是划时代的

1918年5月鲁迅在《新青年》杂志上发表了《狂人日记》。在此之前，1917年1月，胡适在《新青年》上发表过《文学改良刍议》，而鲁迅并没有发表过文学革命的专门论文。1917年6月，女作家陈衡哲发表过《一日》的白话小说，文坛上也出现过白话诗歌和散文。

但是，只有《狂人日记》才产生了如此巨大的历史作用，划时代的伟大意义。《狂人日记》的诞生，标志着五四新文学的诞生，是汉语书面语革命胜利的标志，是旧的话语霸权的终结、新话语形式开始的一个标志。《狂人日记》在文学语言的历史上，在汉语的历史发展的道路上的伟大意义，随着时间的推移是越来越值得重视的。

《狂人日记》修辞艺术的特点是它的独特的修辞结构方式：结构的两重性和语言符号的象征性。

## 二 《狂人日记》的两重性:语码

《狂人日记》的语言特点是:结构的两重性。或者也可以叫做“复式作品”,甚至可以叫做“矛盾作品”。其两重性首先表现为:同一作品运用两种截然不同的语码。序言是旧的文言文,而日记本身是新的白话文。这从表面上看,是一个矛盾。然而,这本身是有特定的意义的。

这序言容易被现在的读者所忽视。其实,它绝不是可有可无的。这一点,不同与陈衡哲的《一日》和在此之前出现的白话诗歌和散文,它们是纯白话的作品。它们是为新派人物而写作的,拒绝同旧派人物对话。《狂人日记》运用两种语码,是为的同旧派人物对话,是对旧派人物的一个宣言书,但是真正的主要的对话人是新派人物, 所以形式上是从旧语码转向新的语码,而且是新的语码才是文本的主体,旧的语码只是一个引子而已。

正是在这种两种语码的对比、两种语码的转换之中,《狂人日记》产生了在它之前的白话作品所没有的巨大社会文化价值。

两种语码在同一文本中的同时共现, 是当代文学创新的一种手段。例如台湾诗人向阳的《咬舌诗》:

这是一个快乐与悲哀的年代,七月半鸭不知死活的世界。

你醉你的纸醉,我迷我的金迷,你搔你的骚扰,我搞我的高潮,——

整首诗歌的每一行,前一半是国语(普通话),后一半却是所谓台语(方言土语)。其目的是反映当前台湾都市里所存在的是一个内部充满矛盾的社会。

## 三　狂人的两重性:表层结构和深层形式

《狂人日记》的两重性,还表现为其的主人翁是狂人。狂人是一个具有两重性的人物。在表层形式上,他是一个地地道道的狂人,作者是成功的,做到了惟妙惟肖,逼真而形象。但是,如果他只是一个普普通通的狂人，这一小说就决不会有如此之大的震撼的力量。问题就在于,在深层结构,这狂人并不狂,他绝不是一个疯子,而且是一个最清醒者,一个先知先觉者。

狂人是疯子与先知先觉者的统一，是这一小说成功的关键。如果仅仅是成功地描写了一个真正狂人,那么这一小说是不会有如此巨大的社会文化意义的。

这一统一是建立在生活的基础上的，许多先知先觉者都曾经被反动派污蔑为“疯子”和“狂人”和“恶人”,孙中山和章太炎,就是最好的例子,在近代的中国。小说的成功,表现在,描写表层的疯狂的那些细节,与深层的清醒、先知先觉的精神是那样的有机地融洽而自然。

在这一小说中,同一话语,具有两种完全不同的意义,用结构主义的术语来说,就是表层结构的同一,而深层结构的不同,就是所谓的同形异构,与“咬死了猎人的狗”是属于同一结构模式的。不同,前者仅仅是在一个句子(或短语)的范围之中,而《狂人日记》则扩大到整个的文本。同构异义模式,是解读这一小说的最重要的一把钥匙。可以说,这一小说中的每个细节,每一句话,都是同构异义的,换句话说,都是多义的,歧义的。都是不同的深层结构在表层的偶然的重叠,都是可以也应当分解。只要还原为不同的深层结构,才能说是真正地把握住了这一小说。

例如，一个母亲对儿子说:“老子呀！我要咬你几口才出气！”这在中国的日常生活中,本是非常平常的话语。但是,在这一小说中,其意义却是:赵贵翁和古久先生所布置的吃人罗网中的一个网眼。从这样一句日常生活中经常出现的平平常常的话语中,感受到恐怖和迫害,这在日常生活的平面上,是地地道道的狂人行为,是非常可笑的。但是,在这一小说中,这正是狂人清醒的表现,是他的研究的结果,他认识到了反动势力的强大,这一罗网的可怕。他的这一认识是非常精彩的。

## 四　荒诞小说:语言形式的两重性

《狂人日记》的两重性还表现为矛盾的两个方面的统一。在这一作品中,处处是正和反、对和错、通和不通的统一。

在文言序言中,作者已经说明:“语颇错杂无伦次,又多荒唐之言。……记中语误,一字不易。”那么,这一小说中有哪些“杂无伦次”之语,“荒唐之言”呢?作者保留它,仅仅只是为了存真么?

作者第二章中写道:“(A)今天全没月亮,我知道不妙。(B)早上小心出门,赵贵翁的眼色便怪,似乎怕我,似乎想害我。”这里,A和B是连接不上的,不合乎逻辑的。因为(A)有无月亮,这是晚上的事情。而(B)赵贵翁的眼色,却是早上的事情。这在表层,理由是说话人是一个狂人,本不按照常规思索,思想原本是不合逻辑的:这是因果倒置。

然而在其深层,作为一个清醒的先知先觉者,他深深体会到月光的含义,这是一般人所忽视了的,他发现了赵贵翁眼色中的矛盾:想害人,却又怕人。这正是这类人物的内心世界的真实的写照。

狂人之所以是一个先知先觉者,就在于他打破了、颠倒了吃人者的逻辑。他已经知道应当正面文章反面看!如果说,《狂人日记》是鲁迅一生创作的总纲,这里的许多思想在他以后的小说、散文和杂文中得到了更加充分的发挥,那么这种正面文章反面看的思想在《推背图》中就更为精彩了。其实,问题是,狂人违背的逻辑,是传统文化的逻辑,普通人的逻辑,事实上他有他自己的逻辑,清醒的现实主义者的逻辑,革命者的逻辑,先知先觉者的逻辑。就这一点而言,他的反逻辑,正是为的更高层次上符合更高的逻辑。

狂人,是超常的人,理所当然他的语言形式也就是超常的。所以作者往往是故意拗口不顺,例如:

“他们还没有出世,何以今天引人注目睁着怪眼睛,似乎怕我,似乎想害我。”(第二章)

“你看那女人‘咬你几口’的话,和一伙青面獠牙人的笑,和前天佃户的话,明明是暗号。”(第三章)

“有了四千年吃人履历的我,当初虽然不知道,现在明白,难见真人!”(第十二章)

这不仅仅是一种伪装,也是一种修辞策略:为的给读者一种刺激,用反常形式引起读者的“惊讶”,帮助他们来去除“遮蔽”,去发现问题之所在,去同发昏告别,萌发向新世界迈进的念头。

## 五　象征符号:月光与赵家的狗

茅盾最早指出《狂人日记》中的淡淡的象征主义。

小说中最重要的符号象征是:赵家的狗和月光,这是解读这一小说的关键。赵家的狗与月光是狂人觉醒的两个因素。

第一章告诉读者,是今天晚上的很好的月光使得狂人精神分外爽快,才发觉过去的三十多年全是发昏。中国人认为“三十而立”,这当然是儒家的创始人孔子的主张,但是已经成为全民族的共识了。所谓三十而立,意味着从一个生物的人、自然的人走向社会的文化的人,即成为一个正统的、儒家式的人。狂人的三十而立,却是对此的彻底否定。他发觉过去三十年的社会化、儒家化,是发昏。他的对过去三十年的否定,正是对传统的彻底否定。

这就是狂人的觉醒,这一觉醒的动因是月光。那么月光象征着什么呢?就是人类历史的新的思潮。

第二章中,一旦全没有月光,狂人就感觉到不妙了。可见这狂人是新思潮影响下的新人,这全新的思潮是他的生命之源。

与这月光相对立的是:赵家的狗。它看了狂人两眼,使狂人紧张、害怕,逼迫狂人去思索和研究。再前进,它叫了,进一步促进狂人的思索和研究活动。如果没有赵家的狗,狂人不会去思索和研究。那么这月光就只是给人以爽快的东西而已,狂人也不能真正的觉醒。

如果没有月光,狂人的思索和研究就只能在传统的旧框架之内,那么这一思索和研究就几乎等于不思索和不研究!这一研究的结果就是第十二章中说的:“四千年来时时吃人的地方,今天才明白,我也在其中混了多年。”

## 六 巨大的罗网和恐怖的眼睛

赵家的狗,在这一小说中并不是一个孤立的符号。这狗,是中国文化中的狗,在中国文化中狗是恶势力的一个象征。这狗绝不是西方文化中的狗,在西方文化中的狗是人们的好朋友。

更重要的是:这狗是赵家的狗!赵家就是赵贵翁之家,赵贵翁与古久先生是一伙的。赵贵翁联络了路上的人,赵贵翁与狂人的大哥是一伙的,狂人的大哥可以支配陈老五,何医生与狂人大哥是一伙,狂人的大哥与二十岁左右的客人是一伙的,狂人的母亲是支持他的大哥的，这些人的共同的法宝是陈年流水簿子。

狂人研究的结果是:“所以他们大家联络,布满罗网,逼我自戕。”

狂人与赵家的狗的对立，其实是他与这个罗网的对立的一部分。赵家的狗其实是这个罗网的象征,一个显性的符号。它所代表着的是一个巨大的潜在的落网。

在小说中,对狂人构成威胁的势力,来自两个方面。或者说这一巨大的落网是由两个方面构成的。

第一个方面是:赵家的狗、赵贵翁、古久先生、路上的行人、孩子、妇人等。

第二个方面是:狂人的大哥、陈老五、何医生、二十左右的客人等。

这两个方面的人物共同点的是：他们都有着恐怖的眼睛——吃人的眼睛。

## 七　根子:陈年流水簿

狂人之所以遭受到迫害，其原因在第三章中:“照我自己想,虽然不是恶人,自从踹了古家的簿子,可就难说了。”“古家簿子”是什么?就是老谱,就是向来如此的老例,就是古老的传统,就是吃人的规矩。

《狂人日记》的核心就是对待古家簿子的针锋相对的两种立场:狂人呼喊出着:“从来如此,便对么?”对方回答是:“总之你不该说,你说便是你错！”

李长之在《鲁迅批判》中说鲁迅的气质和修养及作风不适宜创作小说，尤其是长篇小说。鲁迅本质上是一个诗人和战士。这样一来的对话的确不是典型的小说,而是诗的语言,是哲理的阐释,是战斗的宣言。这一小说的发表一百年了,然而,

"从来如此，便对么？"同"总之你不该说，你说便是你错。"的对立和斗争不是还在进行着么？还是正在进行时，还没有变成为过去时。



## 八 挑战和对策：以无主句结束

第十三章，这一小说中的最后一句：

"救救孩子……"

救救孩子意味着什么？

意味着永远地结束吃人的制度！

这是一个无主句。它的主语是什么？

是"狂人"吗？是你们吗？是我们吗？是被吃的人？还是吃人的？还是吃人者和被吃者？是正常的人、普通的人，还是狂人，或者超人？不知道。

谁能救救孩子？他怎样才能救孩子？不知道。作者没有告诉读者。

在这一小说中，作者只是提出一个重大的问题，提出了一个时代的任务，同时留给读者一个大大的问号，无限的思索，这正是这一小说的历史意义之所在。

# 我的语言学观

## 一　韦应物

唐代诗人韦应物写过两首诗:《难言》和《易言》。

难言

掬土移山望山尽,投石填海望海满。
持索捕风几时得?将刀斫水几时断?
未若不相知,中心万仞何由款?

易言

洪炉炽炭燎一毛,大鼎炊汤沃残雪。
疾影随形不觉至,千钧引缕不知绝。
未若同心言,一言和同解千结。

如此,语言和语言的运用,难道不是非常值得我们认真研究的么?

## 二 叶尔姆斯列夫

丹麦语言学大家叶尔姆斯列夫——现代语言学中，索绪尔以下的第一人，当然，他从没有自称为第一人！——在《语言理论导引》的开始处，就说：

> 语言是人类取之不尽、用途广泛的瑰宝。语言伴随着人类的所有活动，和人密不可分，它是人类形成思想、情感、情绪、愿望和动作的手段，是人类互相影响的手段，是人类社会最深远的基础。人之所以为人，就是因为他起码具备不可缺少的语言。人用语言来消磨孤独，用诗人的语言和思想家的独白来缓解心智和存在间的冲突。……语言并非身外伴随物，它深藏于人类心智之中，它是个人和部落继承的记忆，是提醒、告诫人们警觉良知的手段，言语（好或坏的）是个性的显性标志，是地域、民族的显性标志，是崇高人性的特殊标志。

如此，研究语言，就是非常愉快而有意义的事情。

## 三 三组概念

三一语言学就是三组概念的统一。三组概念就是：

零度与偏离
显性与潜性

四个世界（语言世界、物理世界、文化世界、心理世界）

许多学者都是这样理解的，当然是对的。

这三组概念之所以重要，是因为它们都具有方法论意义。

在我的论著中，的确是这三组概念最为流行。以这三组概念为中心建立一种学说，是可以的，有益的。

## 四 语言与言语

其实，在我的心中，语言与言语的区分也是非常重要的。

我年轻时候参加了语言与言语的大讨论。从那以后，我就一直坚信语言与言语是现代语言学的基本方法论原则，还主张把语言与言语的区分运用到、贯彻到语言学研究的各个方面去。

在我的头脑里，语言与言语的区分，并不轻于、低于显性潜性、零度偏离、四个世界。那么就叫做“四一语言学”，如何？没有这个必要的。还是“三一语言学”好。

## 五 “三”者，多也

“三”者，多也。

清代学者汪中在《释三九》中说过：三、六、九及其倍数，虚数也。

三一语言学，其实就是多种概念的统一。

索绪尔提出了一系列的二元对立：

语言——言语

能指——所指

历时——共时

组合——类聚

叶尔姆斯列夫也提出一系列的二元对立：

内容——形式

内容的内容——内容的形式

形式的内容——形式的形式

相离功能——相连功能

过程——体系

常数——变数

这些二元对立都是有用的,不应当舍弃的。

如果"三"者多也,那么索绪尔和叶尔姆斯列夫的这些对立也同样是三一语言学的组成部分。

## 六　二元对立

中国传统文化中有许多二元对立,例如:

阴——阳　有——无

虚——实　奇——正

内——外　主——宾

刚——柔　常——变

有人说,我的显和潜就是传统文化中的阴阳:潜性就是阴,显性就是阳。

中国传统文化中的许多二元概念,在三一语言学中是占有一席地位的。

## 七　"一"是对立的动态平衡

这个"一",是中国传统文化中的"一"。

"一"是对立的动态平衡。

"一"是对立面的对立、联系、互补、转化、中和。

我喜欢"动态平衡"这个说法。我强调语言是一个自我调节的动态系统。

有学者说:

洪堡特所理解的系统,是通过自我创造和自我调节而不断趋于完善的动态系统,这或许正是结构主义语言学家往往忽视了的一点。

正如语言和言语一样,"自我调节"、"动态平衡"等也都是三一语言学中的重要概念。

## 八 “三一”，一个符号而已

三一语言学中的“三一”，一个符号而已，不必死板地理解为三组概念。

三一语言学在发展之中，——与时俱进！——还会出现新的概念的。三是多，三一语言学就是一个开放的系统，能够及时容纳新的概念。

一个有生命力的学说是“与时俱进”的。只有具有发展空间的学说才能够“与时俱进”。

## 九 简单而平常

三一语言学的基本概念，都很简单，一点也不神秘。

在电梯里，对陌生人，是零度脸孔。走出电梯，看到一个讨厌鬼，负偏离脸色。知心人来了，正偏离笑脸相对。

但是，因为那个讨厌鬼手握大权，今天有求于他，负偏离脸色转化为正偏离了。

知心人变心了，露出狐狸尾巴了，正偏离满面春风就转化为狂风暴雨了。

你我在相遇之前，彼此对于对方都是一个潜性的角色。我们相遇了，这是潜性角色的显性化。当我们闹翻了，再不往来的时候，就是显性关系的潜性化。当我们一同散步，在茶吧品茗的时候，彼此是显性的。当我们天各一方之际，就是潜性。

一块石头——物理世界的存在。雕刻成一个艺术品，是一种社会文化事件——六朝文物，南京城的象征，多少钱？它的名字叫做“避邪”——语言问题。它安定我的心，给我丰富的联想——心理世界的事情。

## 十 为语言，也为了人

索绪尔《普通语言学教程》结尾时候，呼唤说：

为语言、就语言，而研究语言。

长期以来，这是我们的座右铭。后来我补充说：

为人，联系社会文化，来研究语言。

两者并不矛盾。

## 十一 普遍性

叶尔姆斯列夫在《语言理论导引》的结尾处，呼唤着：

语言是人类的，普遍的。

重视个性特殊性，是对的，必要的。但是，我总认为，我们中国语言学家，偏爱个性特殊性，有些过了头。

三一语言学更重视的是普遍性。

## 十二 三一语言学

三一语言学，不等于我的语言学。

三一语言学是我的论著中的一些观念为其他学者所接受，加以归纳、进行阐释之后的一种学说。

三一语言学派，当然就更加不是我一个人的，是一批学者所共同拥有的。本专著的作者就是其中的核心人物：聂焱、孟建安、宗守云、胡习之、钟玖英、李子荣等。

聂焱教授主编的这部《三一语言学导论》，我事前看过一部分文稿。在出版之前我要说的是：出版后我将认真阅读，我是"奔七"之人，需要自我清理了。我最近主要是在阅读自己的文稿，目的就是清理自己——这是很愉快的事情。

（本文为聂焱主编《三一语言学导论》的序言，宁夏人民教育出版社2008年3月）

# 第八辑　感或思

# 学院和大学

上个世纪六十年代，方光焘老师要我们学习乔姆斯基，我还从俄文翻译了他的《句法结构》，那个时候，我们就知道了美国有一所大学，它的名字叫做：麻省理工学院。

几十年过去了，这个学院，居然还是叫做“麻省理工学院”！

你看看，这个美国的大学校长，干什么的嘛？

哈罗！校长先生，请到我们这块来——

在我们这块：眼睛一眨，老母鸡就变成了一只鸭子——二斤半的鸭子，三斤半的嘴巴！

师范学校变成了师范专科学校，师范专科学校变成了师范学院，或者干脆就是学院，学院变成了大学！

你们老美呀，落后了吧！几十年了，你们居然还是叫做“学院”！

快到咱中国来取经吧！回去，把学院改成大学。

叫做麻省，也太小儿科了，就叫做“美国理工大学”！

还有那所加州理工学院，据说很小。如果在中国，是排不上大学排行榜的。已经培养出三十多位诺贝尔奖金的得主，干什么还叫做学院，难道不怕丢人？

# 秀才和大兵

俗话说:“秀才遇到兵,有理说不清。”秀才者,文人之谓也,读书人也,知书识理者也。秀才,“之乎者也”,特点是斯文,癖好是讲个道理,甚至是死理。

大头兵,武人,武夫,没有文化,粗鲁之人也,靠拳头吃饭的人呀。丘八,力大如牛,特点是运用拳头说话,格言是:不讲理,拳头为大,喜欢以暴力解决问题。

道理与拳头,谁更有力量?

短期之内,拳头第一。暴力只能短期有效。

宏观地看,长远地想,道理必定战胜拳头。

但是,在我看来,这其实也是一种偏见。语言的确总在误导我们。

细细想想看:秀才就都是讲道理的么?文人都讲道理?事实是,不讲道理的文人多着呢!秦桧是秀才呀!陈水扁是读书人,是学法学的,跟哪个陈水扁秀才,你怎么讲道理?文人搞起诡辩来,更加可怕。

俗话说:“识字明理”,其实,认识汉字,并不等于明白道理。认字而不讲道理的人,有的是!

反之,士兵,就都不讲道理?胡说!讲道理的士兵多着呢!许多士兵,为了道理(真理)甚至牺牲的自己最宝贵的生命。士兵用自己的生命来捍卫道理,非常的伟大!

我们中国人,可别忘记:岳飞是兵——士兵的头头,秦桧是大秀才!

而且,我的感触是:文人不讲理起来,比武人更不好应付的!

结论是:成语、谚语、警句、格言,都要用脑子在思索,不可以盲从的。

# 师生与真理

## 一 师生都必须服从真理

上个世纪八十年代里，有人化名指责我的语言和言语的论文。说我是方光焘的学生，却同方光焘不一致。言下之意，我背叛了老师，我觉得非常荒谬。

我是方光焘教授的学生，我就只能重复老师的话，我不能说我自己的话，老师的话就是一字也不能改的？天下有这个道理吗？

我一贯坚持方老师的治学路线与基本观点。但是，我也不拘泥于老师的个别说法，那是特定时代的产物。而且，时代改变了，社会进步了，学术更新，学术应当在老师的基础上继续前进。例如，方先生坚持用"一般语言学"，拒绝用"普通语言学"；坚持"记号、能记、所记"，拒绝"符号"。我从众，都不再坚持，这不能说是什么背叛老师。

老师和学生是在追求真理的大旗之下走到一快堆来的，师生关系的核心就是"真理"。

我相信的是亚里多德的话:“吾爱吾师,我更爱真理。”

## 二 追求真理过程中的不断否定

追求真理是师生关系的核心。为了真理,师生都应当敢于否定自己。

1962年,方先生到上海讲学,座谈会上,张世禄教授批评方先生在语言和言语的讨论中,前后观点不一致。学兄陆学海告诉我,方先生回答说:

学术研究中,错了,就改,不坚持自己的错,这有什么不对的?你张先生小时候,在床上尿尿,现在不了,难道有什么错吗?

真正的老师自己与时俱进,不断更新,敢于自我否定,那么好的学生怎么可以盲目崇拜,一字不改的重复老师的言论?那还谈什么学生的进步?

方先生相信的是:“吾爱吾师,吾更爱真理。”所以他敢于修正索绪尔。

我也相信“吾爱吾师,吾更爱真理”,所以我不把方先生的论著当作教条。1992年,在天津南开大学,在语法研讨会上,一位师兄指责我的发言,因为我肯定的研究方式不是我们老师所赞成的。我回答说:我认为老师的研究路线是对的,我坚持。但是,他人别种方法研究,也是可以的,我们不能限制他人。条条道路通罗马。

敢于否定老师,是追求真理的表现,就是大学精神。

敢于否定自己,是追求真理的体现,就是科学精神。

# 有的人

一支香烟一杯茶，天下事一无所知——不学无术老子天下第一！

翘起二郎大腿，——抱咱粗大腿的人有的是！

两眼昏黄，昨夜里吾人彻夜未眠，歌舞厅办公忙，冷落了自家婆娘。

公务事一问他“三不知”，吃喝玩乐本老爷是第一等的第一名。胆大包天“三不怕”，一不怕天，二不怕地，三不怕王法——老子就是王法！王法就是我。

四体不勤，轿车来去。买单有会计，菜肴部下点，美酒美人来敬。情妇由情妇管理，按照现代管理学法则。

五谷不分，五毒俱全。

六神无主，六亲不认，眼里只有权和钱。权是亲爹，钱是老妈。大款就是干爸爸。

吃(七)遍天下无敌手。满汉全席、法兰西大菜——蜗牛肥鹅肝、意大利美味、俄罗斯的鱼子酱……。没有吃过的，只有天上的空中客车，地上的三条腿的小板凳。

八面威风，部下前面开道，闲杂人等闪开。照相机、闪光灯……。八风不动，拔咱一毛，而利国家于民族，而利人民群众，老子绝不为也，其奈我何！

花天酒(九)地，公仆之公务也！公文包里是那个东东！茅台、董酒、西凤、竹叶青、五粮液、今世缘、人头马、干红千红及万红！酒池肉林，商纣王小儿科一个！

十目所指，脸不红，——高，有修养！老刘(刘少奇)的《修养》早过时了！

百姓痛骂，心不跳，——大仁大勇者也。

上有冥冥之青天！下有十八层地狱。

天啦！妈妈呀！千算万算不如天算！

遗臭万年——不在乎，咱彻底地唯物，管什么万年之后的事情，真真傻帽一个！

# 差

## 一 差——示差——示差性

万物皆同。“同”与“差”相对立。万物皆异。

“异”就是“差”的显示，就是“示差性”。现代语言学中最重要的两个概念是“同一性”和“示差性”。

大学毕业后的第一年，天天、整天，坐在语法理论研究室——方光焘老师家的会客室里，“同一性”和“示差性”是大家的“口头禅”。

方先生对示差性的解释是：两个球队比赛足球。甲队戴白色的帽子，乙队戴红色的帽子。白帽子和红帽子是示差性的标记。如果甲队戴帽子，乙队不戴帽子，那么，戴帽子同不戴帽子构成了对立，不戴帽子也表示了差别，也是标记——无标记，或者说是无标记的标记。

其实，差是多样性的，有各种各样的差。时间有时间差；地域有地域差，年龄有年龄差；性别有性别差；民族有民族差；人种有人种差；职业有职业差；阶级有阶级差……。

四个世界有四个世界的差:物理世界差,文化世界差,心理世界差,语言世界差。

## 二　时间差——时差

宇宙就是时空。所以最重要的差就是时间差和空间差。

时差是客观的存在。从南京到银川，我们感觉到了时间差——时差。天亮的晚了,也黑得晚了。晚饭之后,散步归来,天还是亮的。到新疆喀什,时差更明显了。

有人对时差特敏感,一时很难适应。有人没有什么反映,毫不在乎。

中国是乒乓球大国,我们搞乒乓球外交。打乒乓球的,要善于打“时间差”。外交上也有时间差的吧?不善于搞外交的,总是要慢人家半拍子,亏了。

## 三　地域差——地差

地域差,表现出东南西北方的空间差别。例如:南方人和北方人。南派和北派。京派和海派。东部和西部。南蛮北侉。南腔北调。

我在新加坡舍不得买啤酒喝,太贵了,是同中国物价相比较的。我的小儿子,在韩国培训,舍不得吃苹果,太贵了,是同南京比较的。我的韩国留学研究生宋钟豪,每次回国都要买好多条牛尾巴,说便宜,是把韩国物价作为参考点的结果。

商人们发财常常是发地域差——地差价。

从前,乡下人进城,带上老母鸡。中国人出国,购买电视机、电冰箱。出公差,朋友常常托购许多东西。原因只是地域差价。现在这种现象少了,是因为地域差减少了,交通发达了。

## 四　代差——代沟

儿子带我去看电影，五十元一张门票。我说："我们哪个时候，一张电影票，才五分钱，一毛钱，一毛五，最贵的才二毛。"儿子说："老皇历。"

我对儿子们说："一毛钱买五个熟鸡蛋，我还嫌贵呢。"儿子说："那是什么时候！"

我有时舍不得理发，因为要十块钱，才剪短了那么一点儿。我年轻的时候，五分钱剪个发。在理发馆里，也才二毛钱呀！但是，不能跟儿子们谈论这档子事情。

这就是代购——代差！

## 五　气压差——气差？压差？

我们去过西藏，人们常常问到我们，气压如何？

我说，不如何。我对气压变化没有大的感觉。

据说，老人，孩子，到西藏对气压反应不大。年轻人反应比较大。男人比女人反应大。

# 吹牛学发凡

1980年,我在一篇文章里,开玩笑地说,可以研究吹牛,建立吹牛学。

既然王蒙在小说里,大侃“沐浴学”,提出浴盆学、浴巾学……那么,我来一个东施效颦,有何不可哉?

## 一 吹牛学导论

第一章 序论

第二章 吹牛的定义、对象、任务

第三章 吹牛的起源及其发展

第四章 吹牛的类型及其辨别

第五章 吹牛的社会效益及其评价标准

第六章 吹牛的规律规则技巧及其艺术化

第七章 吹牛的心理基础及其心理学分析

第八章 吹牛的审美价值及吹牛美学

第九章 吹牛的道德分析与道德吹牛法

第十章　吹牛和性别与性别吹牛学

第十一章　吹牛和职业与职业吹牛学

第十二章　吹牛和年龄,吹牛和代沟

第十三章　吹牛研究的历史

第十四章　吹牛研究的方法论原则

第十五章　吹牛学的科学化

## 二　吹牛的分类

古代印度人特喜欢,特能够分类。笑,愁,手,……都可以分出几十种来,值得我们学习和模仿。

按照吹牛者的身份,可以分为:销售人员的吹牛;公关人员的吹牛;老人的吹牛;小孩的吹牛;男人的吹牛;女人的吹牛;富人的吹牛;穷人的吹牛;残疾人的吹牛;教师的吹牛;政治家的吹牛;艺术家的吹牛;诗人的吹牛;骗子的吹牛……

按照吹牛的动机和目的,可以分为:本能的吹牛;无聊时的吹牛;失败时的吹牛;胜利时的吹牛;闹着玩的吹牛;为了抬高自己的吹牛;为了打击对手的吹牛;为了有趣的吹牛;毫无目的,纯粹是为了吹牛而吹牛;研究形成习惯的习惯性吹牛;为了捞取政治资本的吹牛;为了讨老婆的吹牛;作为一种心理补偿的吹牛——举例,阿Q是典型!

根据时间和场景分类:早晨的牛皮;黄昏的牛皮;春天的牛皮;夜晚的牛皮;工作时候的牛皮;休息时候的牛皮;酒醉饭饱之际的牛皮;肚子哇哇叫时的牛皮;……百货公司里的牛皮;办公室里的牛皮;……

依据话题主旨分类:商业类牛皮;学术类牛皮;日出生活类牛皮;身体类牛皮;政治牛皮;……

个案分析:大跃进时代的吹牛技术。大跃进的口号研究;大跃进时期的民歌研究(以《红旗歌谣》为主)。

## 三　吹牛专用用语研究

举例:吹牛不上税。吹牛不犯法。

……

# 戏子与虚无党

## 一

戏子的事业就是做戏，戏子靠在舞台上做戏吃饭，不会做戏，就不是戏子，戏做得不像，就不是好戏子。但是，戏子在舞台下，不能做戏，生活就是生活。鲁迅说戏子下了舞台再做戏，就不成样子了。

非戏子，做人，过日子，干事业，全都不是做戏，而且决不能做戏。“人生大舞台”只是一个比喻，不可当真。人生只有一次，不能重来，生活不是做戏。

然而，有些人们，他们明明不是戏子，没有哪个导演会看中他（她），全无艺术细胞。可却仿佛自以为是一个戏子，说的是自己不应当说的话，不符合自己身份的话。做的是自己不应当作的模样，不符合自己身份的动作，很是肉麻，但是，他（她）反而自以为得计。

而且是，时时，刻刻，处处，事事，样样，回回，都装模作样，大演其戏，还自以为自己真的就是那么回事儿。久而久之，居然，竟然，就忘记了自己的真面目。

到了见阎王老爷的时候，居然还不知道自己是个谁，可悲呀。

鲁迅的“做戏的虚无党”，其党徒现在还有的吧？

二

虚无党人最看中的是牌子。一间破房子，叫做“超市”、“X城”！什么什么“W学院”下面冒出若干个“X学院”，“院长”满天飞。

虚无党人讲究的是排场、形式。揭牌仪式场面要大，等级要高。官要大，明星要名。

虚无党人要的是社会效益。在报纸、电台、电视台上，频繁地亮相。

虚无党人最在乎的是：眼球。

虚无党人最重要的任务：吸引眼球。

虚无党人的胆子最大：内部空空如也，没啥，没关系，不用害怕！

三

虚无党人特重视名片。

虚无党人的名片特大，往往用洋文。正反两面，密密麻麻，小字，全是头衔：

“校长（X级）、院长、所长、主任、会长、理事、顾问、教授、博导、名誉W……”

好多年前，我接过一张名片，对他的主人说：“你是一个人，你要睡觉、吃饭、拉屎。你是家长，做家长需要花精力。你做好一件事情，就不容易了。顶多做两件，三件。现在，你要做三十多件事情，能够做好么？我担心你最后是一件也没有做好！”

名片的主人不言语，当然心里不服气。我知道，此人心里在想什么：

“你没有如此之多的头衔，吃醋了。你吃不到葡萄，就说葡萄是酸的。可笑！”

我对我儿子们说：

“人生不在于你想得到什么。想得到，是三岁小儿也会的，玩具、糖果什么的。人生的奥秘在敢于不要。因为什么都要，就什么也得不到。只有敢于不要者，才能真正地得到。”

改革开放的初期，我对老伴说：

“人的贪婪的欲望被刺激出来了，许多人疯狂地想得到许多许多。等十年后再看吧，其中一定有不少人是：两手空空！”？

虚无党人的特点是想得到的东西太多太多，而却不做实事，空对空——客里空！从虚无来还归于虚无！

# 呜呼，唉哉！

客人：请教了，万卷楼主人。您读书多，请教一个词。

主人：何必如此客气？老朋友了！

客人：您看，这张《西北第二民族学院报》，2007年12月24日的，上面有一大块文章。题目是：

吾爱真理吾更爱吾师

——祝贺赵杰老师成为北大十年博导

主人：就是赵院长春节前说过的那篇文章吧？赵院长说是他推荐给校报的，他修改加工过的。

客人：怎么可以用这样的题目呢？

主人："吾爱吾师，吾更爱真理。"对。"吾爱真理，我更爱吾师。"错，绝对错了。大学校报是不可以宣传这个口号的。

客人：你看，这文章最后写道：

佛说，前世的五百次回眸，才换来今生的擦肩而过。其实，万千世界，人能做为人来到世上，就已经是极为偶然的了，而我们在被抛到这个世界后，能在这样的时间，这样的地点，遇到这样的“智者之师”“仁者之师”，又是怎样的机缘和机遇呢？呜呼，唉哉！于这样的幸运和兴奋，我们又怎能不长歌当叹：吾爱真理，吾更爱吾师！

主人：哇！太吓人了，吓死人了！？

客人：您见到过这种“呜呼，唉哉”的说法么？

主人：没有。这大概是手误，输入错误。可以不计较的。显然是“呜呼，哀哉”。

客人：“呜呼哀哉”用在这里，合适吗？

主人：在书面语中，我最早是在鲁迅杂文中看到这个“呜呼哀哉”。后面，还常常跟着：“尚飨！”“尚飨”就是“请用吧，请品尝”的意思。《现代汉语词典》上说：

> 呜呼哀哉：旧时祭文中常用的感叹词，现在借指死了或完蛋了（含诙谐意）。

“呜呼哀哉，尚飨！”就是——

啊，啊，啊，先人呀，请享用吧——小肥牛，小肥羊，还有进口的美国肯德基！

现在人的嘴巴里，“呜呼哀哉”经常是用来开玩笑的！如果作者自己的老师已经去世，用这个感叹词，显得很不庄重。如果作者自己的老师还活着，那是绝对不可以用这个“呜呼哀哉”的。这是在辱骂老师，是在咒骂老师！他的老师要打他打嘴巴了！

客人：您的意思是这里的这个感叹词用错了。

主人:是的,不错,正是这个意思。作者的老师,赵博导还活着,活得好好儿的,怎么可以开这个玩笑?

客人:赵院长还帮助修改加工来的呢。

主人:赵院长居然不生气,真的是“八风不动”了。

客人:文章中赞美赵教授“八风不动”。

主人:上海的《咬文嚼字》需要的就是这一类材料。是他们开炮的好靶子。是不得体的一个例子,是一个绝好的语文笑话。

# 错误



## 一 文过饰非

《论语·子张》:

子夏曰:"小人之过必文。"

小人的特点是文过饰非。出了事情，千方百计的寻找借口,或说我不知道;或说同我没有关系;或说这是难免的;或说这也不算什么大错误。或把责任完全推到别人的头上去。

举例说明之:

(1)台湾的陈水扁是文过饰非的典型人物。

(2)台湾的那个管教育的杜啥来的,台湾著名修辞学家、我的老朋友沈谦教授走了,他的唁电出了语文错误,闹了大洋相。他就说是秘书办的,他不知道。

(3)有单位,有的事情,问题到了非常严重的地步,其主要领导人居然还说:"只是操作上还不够理想罢了。"

(4)有一个时期,文过饰非的口头禅是:“形势大好。”如果饿死了人,那则是“一个指头”,九个指头还是好嘛。

(4)他轰炸了中国大使馆,居然说是旧地图惹的祸,鬼才相信他呢。

## 二 坚持错误,一错再错,大错特错

《论语·卫灵活公》:

> 子曰:“过而不改,是谓过矣。”

假如,明明是自己错了,却拒不承认,还嘴硬。甚至坚持错误,一错再错,错上加错。表面上似乎是很勇敢,其实是非常懦弱的表现。

举例说明之:

(1)阿Q偷萝卜,被小尼姑当场抓个正着,但是他决不承认,还说:萝卜是你的?你把它叫应了?阿Q无聊无耻地摸小尼姑的头皮,还说:和尚动得,我也动得!

(2)一个小偷偷人家的东西,被抓住了,反而打伤了人,事后拒不自首,继续逃跑,还拒捕,甚至打伤了警察。

(3)一个学者,抄袭他人的学术成果,被揭发,拒不承认,百般狡赖,找人作伪证。再如,一个学者学术造假,被人揭发与抵制,于是恼羞成怒,打击报复。

(4)CNN,卡弗蒂,错了,大错特错了! 你们研究过中国的历史,你们考察过西藏的过去与现在? 你们掌握了事实?

西藏是中国的西藏,是西藏人民的西藏。那么问过千百万西藏人民了吗?达赖能够代表西藏千百万人民?人权只是达赖一个人的,千百万西藏人民——千百万农奴就没有人权?

中国的西藏永远保持中世纪的农奴制度,就是“人权”?就是“民主”？

## 三 敢于改错

《论语·学而》：

> 子贡曰：“君子之过也，如日月之食焉。过也，人皆见之，更也，人皆仰之。”
>
> 子曰：“……过则勿惮改。”

真正的人，是那些勇于承认错误，敢于改正错误的人，他们赢得了人们的尊敬。他们就是君子，就是我们的榜样。

有了错误，能够承认，能够改正，这就是一种自我调节的功能。这就是人的主观能动性。

举例说明之：

战国时候，赵国大将军廉颇，《将相和》负荆请罪的老将军。

除三害的周处，本来是“三害”之一，成了地方与社会的一个有益之人，一个有功之人。

中国共产党主动纠正了文化大革命的错误，开创了新时代。

## 四 欢迎批评

《论语·述而》：

> 子曰：“丘也幸，苟有过，人必知之。”

改正（纠正）错误，就是进步。不知道错误，就谈不到改正错误。所以，他人指出我们的错误，就是在推动我前进，帮助我自我完善,因此应当感谢。

问题是,阿Q过时了也。现在人家是,谁敢说我错?老子打击报复,叫你死无葬身之地!“顺我者昌,逆我者亡。”

## 五　圣贤和神仙

列宁说,没有不犯错误的人。那么,列宁也会犯错误的。

“人非圣贤,孰能无过?”那么,圣贤不是人?其实圣贤也是人,那么,圣贤也犯错误。“人又不是神仙,还有不犯错误的?”错!神仙也犯错误。举例说明之:

第一,天蓬元帅,不犯错误,怎么成为一头大猪?

第二,卷帘大将军,不犯错误,怎么会在流沙河里作妖怪?

第三,七仙女不犯错误——天堂里的错误——,怎么被压在华山之下,需要儿子来劈山“救母”?

第四,月亮里的吴刚也是犯错误的神仙。

第五,犯错误的神仙有的是,《西游记》里就有!

## 六　不犯错误就是犯错误

没有任何缺点的人,不能亲近,不可以做朋友。事实上,很不可爱。

从不犯错误,没有的。决不犯错误的人,没有的。自以为绝对不犯错误的人,吹牛皮而已,不可相信的。

不犯错误其实就是一个很大的错误。

## 七　知错即改

知错非错,承认错,就不再错。

不承认错,错,不但存在着,还会索取利息,成倍地增产增值,将使你不可收拾!

# 聪明人和大傻瓜



一

聪明的人从来就不认为:其他人都是大傻瓜,只有他一个人是聪明的。聪明人承认许多人比他更聪明，他自己常常很傻。

大傻瓜却总是自以为：世界上只有他一个人才是唯一聪明的,其他人都是天字第一号的大傻瓜。

二

聪明人能够从大傻瓜身上学习到许多东西。聪明人知道,一个傻瓜提出的问题,十个聪明人也回答不了。

大傻瓜认为：其他人——即使是最聪明的人——身上也没有任何一点是他可以学习的地方。

三

聪明人努力理解他人,竭力体谅他人,经常宽容他人。

大傻瓜常常攻击他人，喜欢，或习惯于责骂他人，家常便饭是嘲笑挖苦他人，把否定他人当作人生的一大乐事儿。

四

聪明人从内心深处觉得：自己非常非常的无知。如果他是生物学家，他苦恼的是他不明白一只小小的蚊子的奥秘，如果他是语言学家，他经常苦恼的是三岁小孩子的话语他也不知道其所以然……。

大傻瓜总是认为，他是无所不知的，他比全能的上帝懂得的还要多得多多。他甚至嫌上帝也太傻瓜了。

五

聪明人相信凡存在的都是合理的，就是敌人或仇人、蛮不讲理的人或神经病人，其言行也还是有其自身的逻辑性的。

大傻瓜以为不赞同他的任何言行都是绝对荒谬的，不值得一驳的。

六

聪明人常常说：我真傻，我怎么这样傻？我又错了，他从不害怕他人说自己是傻瓜，他真心希望其他人指出他的失误。

大傻瓜最怕他人说他傻，他的口头禅是："我可不是大傻瓜！你以为我是大傻瓜么？你敢把我当作大傻瓜？"

七

聪明人认为自己很傻瓜，他就越来越聪明，越来越不傻瓜。

大傻瓜以为他最聪明，最不傻瓜，事实是，他却越来越大傻瓜。

## 八

王熙凤的悲哀就在于：她太聪明，她自以为聪明，她卖弄聪明！聪明的人，自以为聪明，卖弄聪明，必然没有好的下场！

大智若愚，是那么一回事情。

# 大和小的困惑及其他

## 一

大和小，很难分清。有时候，小比大大："小象比大狗大！小老虎比大白兔大！小青蛙比大蚂蚁大！"而且，还大得多多呢。

没错儿的，问题是两者的大小，不是同一个标准，各自是跟它们的同类相比的，是同类中的大和小。

## 二

你听："我哥哥比我弟弟大，我妹妹比我姐姐大。"什么话？呆话，傻话，混账话？

不，不能这么说人家，不准这样没礼貌，人家在说他们兄弟姐妹的孩子，没错的。

## 三

"区"和"省"哪个大？一般大，如果是自治区，例如新疆、西藏、内蒙古等。

市和省哪个大？一样大，如果是直辖市，例如北京、上海、天津、重庆等。

“院”和“系”和“所”，哪个大？一般大，只不过是招牌不一样而已。

“X院”不一定比“X系”大，还是那些人。研究院也不一定比研究所大，也有还不如所，甚至不如研究小组的呢！

重要的是内容、实质，不在于招牌。

## 四

最小的是“小组”，三个人就可以叫做小组，但是“小组”不一定就小。你看呀，“文革”期间的中央文革小组，何等的威风，何等的权势，驾临于国务院之上，指挥全中国人，那还了得！

学术上，维也纳小组，怎么样？学术成就与影响，大着呢，真的了不得的哎！

## 五

大人物不一定大，小人物不一定就小。

有的小人物比大人物更加伟大，有的大人物比小人物还要渺小。

有的小人物冒充大人物，到处张贴他的标准照片，拉人撰写吹捧的文章。搞笑！能当真？

有的大人物比小人物还要平易近人，人见人爱。

## 六

不要被大人物吓唬住了，不要五体投地底拜倒在大人物的脚下，不必做大人物的奴才。在大人物面前，昂首阔步，腰杆挺直，向前走自己的路。

不要欺侮小人物，不要在小人物面前显摆威风，不要欺压小人物,善待小人物,帮助小人物。

伪装的大人物终将垮台。文革时期的口头禅,伪装必须扒去!

纸老虎再大,也吓唬不了什么人!

小虫子不害怕大大的稻草人。

老老实实的小人物,活得那么快活,得到人们的尊重。

## 七

大人物是小人物变的,小人物可能变成大人物。

大人物和小人物是可以相互转换、转化的。那只是一种潜在的可能性,要变成现实,最重要的是条件——必要条件与成分条件。

不想当将军、元帅的士兵,不是好兵。但是并不是每一个想当将军、元帅的士兵都能够当上将军与元帅的,潜性的可能性要显现化,需要满足许多条件。

## 八

大男人,小女人。

男人一出生,就大男人。小男孩哭了,大人说:“大男人,怎么能够哭?”

女人活到七十八十,还是“小女人”。女人是长不大的,永远不老的。

## 九

失败要小,代价要小,损失要小,错误要小,坏的东西都要小。

成果、成绩要大,贡献要大,好的东东要大。

心胸要大,眼界要大,心眼小了,不好,手脚不可太大,大手大脚，不很好。

眼睛不能大，眼睛大了，瞧不起人，不好。

## 十

辨别与分清大小和轻重及缓急等，是非常重要的。

小事可以糊涂，大事决不能糊涂。

可以说“轻重辨”、“缓急辨”，切不可说“大小辨”，容易引起误会——大小便。

# 恐惧

一

惧，就是怕——害怕，也是恐和怖，这是人类的最基本的感情，是人的梦中世界里最重要的主题。

畏惧——真正的人总是有所畏惧的，真正的人总是怀有畏惧感的。

患得患失，人类的最基本的心态，恐惧感的形式之一。

人在恐惧中生活一辈子。什么也不怕，从不知道害怕的人，有么？多么？不多也。

医生说，适当的恐惧感对身心健康有好处。

二

当今世界最流行的词语是：反恐，就是反恐怖。这是三音节的双音节化，再如：反腐（反腐败）、大幅（大幅度）等。

可惜的是反恐专家还没有给我们一个明确的定义，来鉴定恐怖分子。“反恐”，有时候似乎比恐怖分子更叫人恐怖！反恐专家甚至是比恐怖分子更恐怖的东西。

## 三

我们这一代人,年轻时,最喜欢说的是:“彻底的唯物主义者,是无所畏惧的!”

其实,我们这一代人是中国历史上顾虑最多最大的一代!我们胆小怕事、胆小如鼠。这话不能说,那事不敢做。前怕狼,后惧虎。三十不是狼,四十不成虎。时时、处处都要向组织汇报,事事得请示领导。成绩归功于党和领导,缺点统统是自己的。

我们不想、也不敢于做真正的人。常常心甘情愿地做奴才,美其名曰“齿轮螺丝钉”。

## 四

庸俗的唯物主义者,是最可怕的东西。因为除了实际利益,他们全然不考虑其他的一切。没有王法和天理,没有地狱和来世报应。我们年轻的时代里,全社会赞美的正是王安石的“三不畏”。彻底的唯物主义者是“万不怕”。因此是绝对没有恐惧感的人。

无所畏惧的人,其实是最可怕的人。

可怕的是:没有什么是他们不敢、不能、不会说与做的。

天不怕,地不怕,死也不怕的人,是最可怕的人。

老子知道这个道理:连死都不怕了,还怕什么?

死都不怕,还怕什么?不,事实上,的确有比死还可怕的东西!真的,绝不是骗你的!

## 五

天还是值得畏惧的。

“人定胜天”？真的么？其实，“千算万算，不如天算！”

“靠天吃饭”，错了吗？并不全都错的。

地也是值得畏惧的。地球毁灭了，人类怎么办？

## 六

有一种人，一开口就是：“我怕什么？你还能吃掉我？”我们吃你干什么？

有良心的人，都会怕良心的谴责。不怕良心谴责的人，是因为他本没有良心。

“我就是要对你当面说谎，我就是要欺侮你，你能怎么的？”为什么要我们来把你怎么样呢？

## 七

怕死，是人类的普遍心理，古今中外都如此，对死亡的恐惧是诗歌的永恒主题。早晨，锻炼的都是老人，年轻人很少去锻炼，老人怕死才去锻炼的，早晨的锻炼其实是对死亡的一种恐惧心理的表现。

怕死创造了文化和文明。

怕死而及时行乐，是某些人的一种心态。

害怕老，是人之常情，越老就越害怕老字，那些老女人，总是自称为“小X”，四十、五十的女人打扮得像十八九，或二八佳人，其实是对老的恐惧感恐惧心的表现。

## 八

动物有恐惧心么？

人和动物的区别，也许就在于：人有恐惧心，人的恐惧心是丰富的复杂的，自己也说不清的，而动物并没有那么多的恐惧心。

狗怕什么？唯一的就是一根大棍子。此外，它什么也不怕！



## 九

马克思和恩格斯在《共产党宣言》中塑造了无所畏惧的无产阶级的形象，那只是一种理想。现实生活中，那一个无产者不是生活在恐惧之中？自己要吃喝，老婆孩子要吃喝！

失业者能够无所畏惧吗？

## 十

一个一心一意想升教授的副教授生活在恐怖恐惧之中。

一个一心一意想胜过他人的人，生活在恐惧之中。

一心想升官发财者，能够不恐惧么？

大官和大款生活在恐惧感之中。

最可怕的恐惧是什么？是死亡，是疾病，是战争，是失败，是饥饿，是失恋，是贫穷，是失业，是下岗，……

# 有序和无序

一

世界是无序的，又是有序的。没有绝对的无序，也没有绝对的有序。

任何无序中都包含着有序，别一种的序。凡例外必有规律——另外一种规律。

任何无序中都蕴藏着某种序，关键是你去发现。而且是，关键在于你去给它一个序。序是客观的，又是主观的，归根结底是人，是人的大脑的构建！

二

客观世界本无所谓什么“序”不“序”。序是人的观念，是人为了认识世界而构建的一种思维模式。没有人，没有人心，没有思维，就无所谓“序”。这绝不是唯心主义。

任何无序中都蕴藏着某种序，关键是你去发现。而且是，关键在于你去给它一个序。序是客观的，又是主观的，归根结底是人，是人的大脑的构建！

## 三

有序就是合理；无序就是不合理。

所谓“不合理”，其实是不符合常规的理。事实是存在着两个理：

A、常规的理；B、超常规的理。

“无理而妙”？无理的，决不妙！无理只是恐怖、荒谬！“无理而妙”其原因在于，表层的无理，深层的有理——别一种理——超出常规的理，人们意想不到的理。无理而妙是对思想简单者、僵化者的当头一棒。只有善于超常思维者才能体味到无理而妙。

## 四

没有混乱就没有生命！生命就是在混乱中演变发展的。发展中的事物总是充满着矛盾的与混乱的。

伟大的思想家的大脑中充满了混乱和矛盾，没有混乱和矛盾就没有大思想家。没有一个大思想家的内心世界是简单的，纯粹的。没有一个大思想家的学说内部是绝对的纯洁而统一的。

人的大脑是宇宙的自我意识。人脑中的混乱反映了宇宙中的混乱。

## 五

学生应当来上课，如果某个学生没有到课堂上来，他一定有原因，就是：他的不合乎教育规则的行为，是受另一规则支配着的。

## 六

许多语言学家,害怕语言世界的无序现象。我不怕,我呼唤语言世界中的无序现象,我认为:这是语言发展所不可缺少的,无序是发展所必须的,没有无序就没有发展。

## 七

我年轻时候,也喜欢批评某些语法学说,说它是人为的,不是客观的。最近十多年,我从不说这话。因为一切学说都是人为的!因为,学说是人所构建的,因此,非人为的学说本是没有的!

## 八

中国人说:一治一乱,一分一合。有道理,但是简单了一点。

《三国演义》开卷明义地说:“久分必合,久合必分。”但是,久分而不合的,也有。久合不分的,也有。不可绝对化。

## 九

宇宙在人,人在人心!我现在才明白儒家说:“万物皆备我心”,很有道理,没错。你反对它,因为你不懂,你没有进入那种境界。

# 无知

一

“初生牛犊不怕虎”，原因在于它的无知。

“一年被蛇咬，三年怕草绳。”因为有了某种“知”。

二

因为无知，就没有害怕这一说。

小孩子什么也不害怕，因为他无知。

小孩子什么话都敢说，因为他无知。成人在许多场合不敢多说话，因为他懂得一些规矩。

三

有知才知道恐惧，战战兢兢，如履薄冰。

知识越多，往往顾虑越多。无知者自以为无所不知，于是好为人师。

知识非常多的人,往往不敢轻易发言,常常感觉到无话可说,许多话很不好说。

俗话说得好:“一瓶水,不响。半瓶水,晃荡!”

## 四

无知是最大的力量,无知是无敌的。

义和团战士非常勇敢,这勇敢建立在某种无知之上。

世界历史上的许多事情,其根源就在一个集体的无知。

许多不可解释的事件,根子就在无知上。

## 五

无知者是无所畏惧的,没有什么事情是无知者不敢做的。

不懂学术游戏规则的人,搞起“学术”来,就特大胆,没有他不敢做的。

## 六

无知之人,很恐怖,因为无道理可言,往往毫无办法,无能为力。

列宁说,千百万人的习惯势力,是最可怕的。其原因就在于无道理可讲,是建立在无知之上的。

# 老

## 一

老——意味着失去劳动能力，不能创造财富，只能消耗他人的劳动。于是，在某些地方，有杀掉老人的习俗。年轻人创造财富，尤其是男性，当然应当享受。女性是男人所不能缺少的，当然不能杀。至于小孩子，也是有用处的，他们将来有用。所以杀老人的习俗，不能说是全无道理的。

中国是礼仪之邦，强调的是："老有所养"。谁来养？自己的子女——"养儿防老"！

## 二

有一种说法是：中国是老人的社会，美国是年轻人的社会，这里的"社会"也可以换成"天堂"的，显然是太简单化了。

现在的中国，不养老的儿女，还真的不少呢，这已经成了一个社会问题了。中国有敬老的传统，但是，公共汽车上不给老人让座已经是常规现象了。

## 三

中国的高等学校和学术界,从前学术界,重老。曾是老人的天堂,职称的主要标准是年龄,论资排辈。据说,北京大学的朱德熙说:山羊的胡子长!老!让山羊去当教授。

改革开放以后,因为文化大革命所造成的人才的断裂,十多年没有教育……。八年抗日战争期间, 高等教育也没有中断!于是八十年代中后期,一反传统,学术界重小,年轻才行!贬低、打压老家伙!为了年轻人早日登上舞台,不惜拔苗助长。

汉代一个大臣曾为年龄歧视鸣过不平。我却比较坦然,人生不过几十年,没啥!没有什么好计较的!随他!暂且喝咱一杯老酒!

## 四

理工科,知识更新的周期特快特短。四十五岁以后,就很难再有所创新了,甚至就研究很难跟上学术界的脚步了,理工科最佳年龄是:28——38岁!

人文科学,需要长期的积累,需要丰富的社会生活经验。也许四十五岁之后,才是人文科学工作者的学术生命的开始,人文科学工作者的最佳年龄也许是:38——48!

## 五

古代一位大臣说,他年轻的时候,皇上重视老人。到他老了的时候,皇上重用年轻人。

上个世纪八十年代,在中国社会科学院语言研究所,我对朋友们说:“我们这一代人,年轻时候,受老人压;老了,受年轻人的欺。到我们老了,我们的学生将来欺侮我们!”

从八十年代开始,有人就一味地讨好年轻人。他们对自己缺乏、或者是没有自信心，以为未来是年轻人的，讨好年轻人，会有好结果的。

有的年轻人非常骄傲地对中老年学者说："我们是青年意识，未来是我们的！"

## 六

有些年轻人在我面前摆出年轻人拥有未来的架子，强调未来是他们年轻人的。我心中的回答是：我相信整体上说，年轻人将胜过老年人。但是，绝不是每一个年轻人都会胜过老年人。而且，胜过了又怎么样呢？你应当胜过，没有任何值得你骄傲的地方！每一代人都处在属于自己的历史阶段中。有胜过前人，有不如后人的。每一代人都是历史进程中的一个环节而已。

## 七

新加坡人把老人叫做"乐龄人"——不用工作了，又有丰厚的退休金了，可以快快乐乐的享受人生了。

人与人是不能相通的，新加坡人没有注意到：中国还有许多老人，没饭吃，没衣穿，没房子住，还要受到儿女和年轻人的欺侮，何乐之有?!

## 八

生姜老的辣，做人要老练。吃菜要讲究一个"嫩"字，老了，就不好吃了。

年轻人，不可以欺侮老人。老者，不能倚老卖老瞧不起年轻人。

## 九

老是有多种多样的标准的。有生物学上的标准，生理学上的标准,社会学上的标准,心理学上的标准,文化学上的标准。

老的界限?不同历史时期,不同的社会,标准是不一样的,鲁迅四十大几就是老人了。现在,六十不希奇,七十八十小弟弟!当然是夸张!

老与小,有性别差:男人要老,女人想小。

老非全好,亦非都坏——

老反而好的,例如:老字号。老招牌。老资格。老人家。

老就是坏的,例如:老东西。老女人。老不死的。老废物。老狐狸。老乌龟。

## 十

如果只能让有限的人活下去,必须死去一些人,我也同意让老人去死!让年轻人活着,让小孩子活着。人类必须面对未来!为了物种的延伸,我们必须牺牲老人的利益。动物也是如此处理的,这就是残酷的真理。

# 碎话



一

不知错，最大的错！不知耻，最大的无耻！不知羞，最大的羞！不知笨是最大的笨！不知丑是最大的丑！不知道自己的无知，其实是最大的无知！

对这些人，是无话可说的。你最好的办法是闭嘴，什么也别说！对这些人，最大的回答是沉默！只有这时候，沉默才是金！

二

最有知识的人，总认为自己是最无知的人！因为他认为自己无知，他才有知识。

三

我年轻时候，读过席勒的《阴谋与爱情》。其中说：最美的人，是你不知道他美在何处的人。对呀！我相信了一辈子。说得出的美，就不是美！美是说不出的东西！是被美陶醉的人所不知道的东西！我可不是神秘主义者。

顺便说一句，我喜欢海涅，不喜获席勒，不知道为什么。

## 四

他人赞美罗丹的雕塑美在手臂，于是他砍去了手臂。

## 五

好像是庄周说过的：自以为是很美的，但是，他人却并不觉得美。自以为是丑的，他人也并以为他是丑的。

## 六

自以为美，其实不美。自以为聪明，其实不聪明。自以为勇敢，其实并不勇敢。

以为非者，不“非”。自以为是者，大“非”！

## 七

是在非之中，非可以向是转化，是也可向非转化，是和非只是半步之差！

1980年我写过一篇文章，题目叫做《非笑话的笑话性和笑话的非笑话性》（《语文战线》）。自以为可笑的，就不可笑了，不以为可笑的的确可笑！

## 八

你获得了一点知识，就有十样无知出现在你的面前！所以越有知就越无知！越有知识就越痛苦！

## 九

无知者最幸福！无知者最勇敢！

愚蠢也是一种财富！傻人有福。

## 十

乡下人说："学个羊儿疯，过河可以不花钱。"但是，我宁可花钱过河，也不要真的羊儿疯。

# 不一定

## 一　不一定

长头发的,穿裙子的,并不一定就是女人。

说粗话的,并不一定就是男人。

架子大的,并不一定就是大人物。

拥有权力的,并不一定就是拥有真理。

得奖的著作,并不一定有价值。

考核优等的干部,并不一定是优秀干部。

评估优秀的学校,并不一定能够出人才。

当面恭维你的人,并不一定是真正关心你的人。

## 二　一定

拿鸡毛当作令箭的,一定是小人。

害怕人家说真话的人,一定是心中有鬼之人。

打击说真话者的人,一定是说谎造谣之人。

## 三 方式

论文发表了，是花钱买的版面。

著作出版了，是花钱买的书号。

钱哪里来的？公家的，荣誉是自己的。

职称上去了，是从后门走进。

职务得到手了，——千辛万苦，不足为外人道，说不出口——说了，有些儿丢人。

评估通过了，是……

# 随便说说

一

做教师，但是，不做教师爷——《水浒传》上的洪教头那样的教师爷，——也力戒："好为人师"！

做家长，不搞家长制，不玩家长作风。

做官，但是不要"僚"，决不："官不大，'僚'特大"。

是男人，但是决不大男人主义。

不做贵族，不伪装为贵族，不要贵族气派，不要贵族作风；但是，贵族精神可以有，然而，不做精神贵族。

二

不隐瞒自己的幼稚和无知，但是决不以幼稚和无知为荣，更不把自己的幼稚和无知当作一种资本，而是努力改变幼稚和无知。

三

自己虽然穷,但是不嫉妒有钱人。

自己没有学问,但是决不嫉妒有真学问的人。

即使自己读书破了万卷书,但是,也决不轻视一个一本书也没有读过的人,人生不全在书本之中!

四

不被人注意的东西,是没有价值的。越是被人注意的就越有价值。但是,话又说回来了:古今中外,许多真正有价值的东西,被忽视了,人们是视而不见。被埋没了有价值的东西是很多的。有本事的人本事就在于去发现被他人忽视了的有价值的东西。

五

人人都同意的东西, 往往是毫无价值可言的。集权制度里,百分之百的赞同,其实是半文也不值的!独裁者,例如:萨达姆等,都是很好的例子。

越是被反对的,就越有价值。不被反对的,其实是全无价值的。被反对得越厉害的,就越是有价值。没有人反对的,则是没有价值的。被反对得越长久的,久越是有价值。

不能被证伪的,就是没有科学性的。能够被证伪的,才是科学的。

六

伟大的人物,没有一个不是被当时人,甚至后代人所反对的。

即使反对是对的,还是不能说被反对的就是没有价值的。

牛顿被后来人推翻了,但是不能因此否定了牛顿的价值。他还是不朽的。

不被任何人反对的人,其实是庸人。甚至是小人,毫无价值的人,可怜的人。

## 七

不会被反对,不会引起怀疑的话语,是毫无价值的废话。例如:

人都是要死的。一加一等于二。

男人就是男性的人。父亲都比子女岁数大。

一生中没有说过一句被人怀疑、被人反对的话语的人,还是一个人吗?一生中没有做过一件被人批评、指责、反对的事情的人,还是一个人么?难说。

## 八

否定他人的价值,不等于你有什么价值。

价值的有无大小,谁说了算数?时间。

不管他三七二十一四七二十八,最后的结局是一个完全相同的“土馒头”——野外土馒头,人人吃一口!——不管你愿不愿意。

## 九

小孩子,努力闯祸,追求被成年人责备,目的就在于想以此证明自己的存在、自己的价值。小角色(小人物)宁可被人讨厌,也要表演一番,原因就在这里。宁可“遗臭万年”的人的心态就是如此。

# 后记

## 一

王先生是我们人生道路上的导师，一直把我们当作他体制外的弟子，他的学术思想和个人风格深深影响着我们。自从他写博客以来，阅读他的博客也成了我们每天的“必修课”，甚至成了我们聊天的日常话题。现在有机会将王先生的随笔文章编辑出版，我们当然很高兴做这个事情。

## 二

王希杰教授2005年秋从南京大学退休以后，就被北方民族大学聘为该校语言文学研究所所长，指导该校语言学科的专业建设，并指导该校语言学专业的研究生培养工作。在王教授的悉心而有效的指导下，该校语言学学科建设取得了快速发展，研究生的学业能力也得到了很快提高，研究生的研究成果不时在学术刊物发表。

在北方民族大学的教学与研究之余，王先生喜欢上了一种新的表达方式——写博客。并于2007年10月份在雅虎网上开辟了自己的空间——“王希杰的博客”。后来又在新浪网上开设了第二个个人空间——“万卷楼主人王希杰”的博客。

王先生是一位很认真、很勤快的博主,他天天辛勤耕耘自己的田地,日日更新自己的博客。他常常对我们说,做任何事情都要认真。既然开设了博客就不仅要对得起自己,更要对得起博友,博友每天来看你的博客,你就要有新的东西让人家看。

到目前为止,他在两个博客上共发表了近两千篇博文!读者群也不断扩大,不到一年时间,他的雅虎博客访问量就达到了十二万多,新浪网博客的访问量也在飞升,可见他的博客很受博友们欢迎。

王先生办博客当然不是为了追求点击率,他在博客宣言中这样表述自己的目的:“我言说,故我在。语言就是我的存在方式。我生活着,我言说着。不追求他人的眼球,只是表现我自己的一种状态。”

## 三

博客的内容可以五花八门,上至天文,下至地理,无所不可谈。

王先生是一位语言学家,但他的博客并不仅仅局限于语言学领域,涉及了文化、文学、人生、社会、历史、教育、政治等诸多领域。

王先生的博客内容极其丰富。谈语言、谈新闻、谈古今人物、谈家教、谈成语、谈历史、谈文学、谈民俗、谈文化、谈学风、谈见闻、谈友人、谈生活,无所不谈。咬文嚼字、吃喝玩乐、读书札记、三言两语、随想随记、温故知新、旧事重提、书海采珠、广而告之、开心一刻,样样都记。其丰厚的文化素养、独到的人生见解、敏锐的阅世眼光、机智风趣的博客文笔，吸引了越来越多的博友。博客世界的王先生，不仅仅是一名语言学家，更是一位关注社会、关注民生、见解独到、思想敏锐、机智风趣的思想家。

## 四

博客是现代科学技术发展的产物，是电子时代的一种新型媒介，是最自由的一种表达方式，也是最平等的一种交流方式。写博客，男女老少，平头百姓，无人不能。没有职称的要求，没有文凭的限制。写博客不必考虑行文格式，不必写内容提要，不必写关键词，不必讲究起承转合，不必讲究凤头、猪肚、豹尾。更不要花版面费。

博客文章可长可短。短，可以只有一句话，长，可至千言万语。

博客文体随便。可散文、可小说、可诗歌、可杂感。可记事、可议论、可抒情、可描写。

王先生的博客文章，长者有几千上万字，短者也就几句话。长有长的意蕴，短有短的精妙。

王先生将写博客当作一件快乐的事情，当作是记录生活、抒发情感、表达见解的最灵便的方式。

在王先生的影响下，他的学生，他的朋友都办起了自己的博客，在博客上交流学术、交换思想。快捷而又快乐。为此，王先生说，写博客是一件很有意义的事情："博客改变了世界。博客创造着世界。现代人也生活在博客世界之中，现代人也是博客人。博客人创造着博客文化。"

## 五

当然，写博客只是王先生的一项业余爱好，他的主业仍然是教学和学术研究。作为博主,博客精彩了他的业余生活,也丰富了博友们的业余文化生活。作为学者的王先生,他是我国著名的语言学家,修辞学大家,是南京大学中文系的教授、博导。

在长达四十多年的学术生涯中,王先生出版了《汉语修辞学》、《修辞学通论》等近三十种学术专著,发表了六百多篇学术论文,还写作了两千余篇深受读者喜爱的语言随笔小品。其学术思想不但深深影响了中国语言学、特别是修辞学的研究走向,还冲出国门在韩国、日本、俄罗斯、新加坡等汉字文化圈产生了不小影响。他被公认为中国修辞学研究的第一人,他的学术研究体现了中国修辞学的最高成就。他是中国活着的语言学家中被研究、被评论最多的学者,如今研究他的学术思想的文字已经公开出版了两百多万字。他的一些学术著作多次再版,供不应求;他的语言随笔小品更是受到读者的热捧,被学界称为"王希杰现象"。不少学者一再说读王希杰的文章是一种享受,还会使人更聪明!

因为时间匆忙和水平有限,我们的选文不一定符合所有读者的需求,我们期待着您的批评指正!

**名诚　玖英**

2008年5月于南京晓庄